Para

com votos de paz.

/   /

ADILTON PUGLIESE

ALLAN KARDEC E O CENTRO ESPÍRITA

EDITORA LEAL

Salvador
2. ed. – 2025

COPYRIGHT ©(2004)
CENTRO ESPÍRITA CAMINHO DA REDENÇÃO
Rua Jayme Vieira Lima, 104
Pau da Lima, Salvador, BA.
CEP 412350-000
SITE: https://mansaodocaminho.com.br
EDIÇÃO: 2. ed. – 2025
TIRAGEM: 3.000 exemplares (milheiro: 6.000)
COORDENAÇÃO EDITORIAL
Lívia Maria Costa Sousa

REVISÃO
Adriano Ferreira · Plotino da Matta
CAPA
Ailton Bosco
MONTAGEM DE CAPA
Ailton Bosco
EDITORAÇÃO ELETRÔNICA
Ailton Bosco
COEDIÇÃO E PUBLICAÇÃO
Instituto Beneficente Boa Nova

PRODUÇÃO GRÁFICA
LIVRARIA ESPÍRITA ALVORADA EDITORA – LEAL
E-mail: editora.leal@cecr.com.br

DISTRIBUIÇÃO
INSTITUTO BENEFICENTE BOA NOVA
Av. Porto Ferreira, 1031, Parque Iracema. CEP 15809-020
Catanduva-SP.
Contatos: (17) 3531-4444 | (17) 99777-7413 (WhatsApp)
E-mail: boanova@boanova.net
Vendas on-line: https://www.livrarialeal.com.br

Dados Internacionais de Catalogação na Publicação (CIP)
(Catalogação na fonte)
BIBLIOTECA JOANNA DE ÂNGELIS

P978e	Pugliese, Adilton.
	Allan Kardec e o Centro Espírita. 2. ed. Adilton Pugliese.
Salvador: LEAL, 2025.	
136 p.	
ISBN: 978-65-86256-63-5	
1. Espiritismo 2. Allan Kardec 3. Centro Espírita I. Título II.	
Adilton Pugliese	
	CDD: 133.901

Bibliotecária responsável: Maria Suely de Castro Martins – CRB-5/509

DIREITOS RESERVADOS: todos os direitos de reprodução, cópia, comunicação ao público e exploração econômica desta obra estão reservados, única e exclusivamente, para o Centro Espírita Caminho da Redenção. Proibida a sua reprodução parcial ou total, por qualquer meio, sem expressa autorização, nos termos da Lei 9.610/98.
Impresso no Brasil | Presita en Brazilo

SUMÁRIO

Homenagem a Kardec... 9

A visão futurista de Allan Kardec sobre o Centro Espírita
e o Movimento Espírita...11

Apresentação de 2025.. 17

Prefácio 23

Apresentação 25

As duas missões de Allan Kardec................................. 29

1 O sonho do jovem estudante Rivail............................ 33

2 A iniciação de Allan Kardec no Espiritismo e o
lançamento de *O Livro dos Espíritos*...........................37

3 Quatro pontos cardeais de Allan Kardec 41

4 Primórdios do Movimento Espírita............................ 55

5 Futuro do Movimento Espírita e a visão
de Allan Kardec.. 59

6 Diretrizes kardequianas de organização
do Centro Espírita... 67

7 O Centro Espírita no Brasil..................................... 77

8 As diretrizes da Federação Espírita Brasileira
orientadoras do Centro Espírita................................... 95

9 O pensamento de vultos do Movimento Espírita
sobre o Centro Espírita 99

10 O pensamento dos Espíritos sobre o Centro Espírita 103

11 A trilogia de Joanna de Ângelis para o Centro Espírita 107

12 Diretrizes espirituais de Allan Kardec para o
Movimento Espírita 113

13 Breve história dos alicerces espirituais
do Centro Espírita Caminho da Redenção 121

14 Referências 129

Com esta edição o autor e o Centro Espírita Caminho da Redenção homenageiam a fundação, há 160 anos, do Grupo Familiar do Espiritismo, primeiro Centro Espírita do Brasil, por Luiz Olympio Teles de Menezes, em 17 de setembro de 1865, em Salvador, Bahia.

HOMENAGEM A KARDEC[1]

Trouxeste, Allan Kardec, à longa noite humana
O Cristo em nova luz – revivescida aurora!
E onde estejas serás, eternidade afora,
A verdade sublime em que o mundo se irmana.

Em teu verbo solar, a justiça ufana
De aclarar, consolando, o coração que chora,
A fé brilha, o bem salva, a estrada se aprimora
E a vida, além da morte, esplende soberana!...

Escuta a gratidão da Terra... Em toda parte,
A alma do povo freme e canta ao relembrar-te
A presença estelar e a serena vitória.

Gênio, serviste! Herói, exterminaste as trevas!...
Recebe com Jesus, na glória a que te elevas,
Nosso preito de amor nos tributos da História.

Amaral Ornelas

---

1. Soneto recebido pelo médium Francisco Cândido Xavier, publicado
em *Reformador* de março de 1969.

A VISÃO FUTURISTA DE ALLAN KARDEC SOBRE O CENTRO ESPÍRITA E O MOVIMENTO ESPÍRITA

"Esses grupos, correspondendo-se entre si, visitando--se, permutando observações, podem, desde já, formar o núcleo da grande família espírita, que um dia consorciará todas as opiniões e unirá os homens por um único sentimento: o da fraternidade, trazendo o cunho da caridade cristã."[2]

"Era, pois, indispensável um ponto de concentração, donde tudo se irradiasse."

"O desenvolvimento das ideias espíritas, longe de tornar inútil esse centro, ainda melhor fará sentir a sua necessidade, porque tanto maior será a dos espíritos se aproximarem e formarem *feixe*, quanto mais considerável for o número deles."

---

2. KARDEC, Allan. *O Livro dos Médiuns*. 69. ed. Rio de Janeiro: FEB, 2001, p. 430.

"O centro que essa organização criará não será uma individualidade, mas um foco de atividade coletiva, atuando no interesse geral e onde se apaga toda autoridade pessoal."[3]

---

3. KARDEC, Allan. *Obras póstumas*. 26. ed. Rio de Janeiro: FEB, 1993, p. 362.

HOMENAGENS

A Allan Kardec (1804-1869), no bicentenário de seu nascimento, que será homenageado no 4º Congresso Espírita Mundial, a realizar-se em Paris, em outubro de 2004, como "o edificador de uma nova era para a regeneração da Humanidade".

À Federação Espírita Brasileira (FEB), Casa-Máter do Espiritismo, no centésimo vigésimo ano de sua fundação, em 2 de janeiro de 1884.

Ao Centro Espírita Caminho da Redenção (CECR), pelos trinta anos da Revista *Presença Espírita*, lançada em 1974, seu órgão de divulgação do Consolador, que é o Espiritismo.

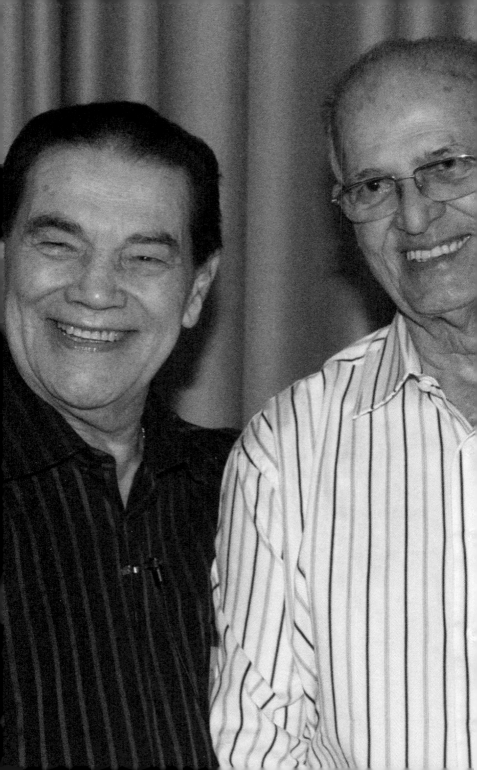

AGRADECIMENTOS

A Divaldo Franco e Nilson Pereira, por dez anos de fraternal convivência e aprendizado, desde 1º de agosto de 1994, na Mansão do Caminho.

A Aimone Pugliese (1920-2002), querido pai e amigo, *in memoriam*, nossa gratidão por ter colocado em nossas mãos, numa noite memorável, *O Evangelho segundo o Espiritismo*, de Allan Kardec.

À Federação Espírita Brasileira (FEB), que gentilmente concedeu permissão para a transcrição de textos de livros por ela editados.

APRESENTAÇÃO DE 2025

Na revista *Reformador* de setembro de 1965, está exarada a longa petição elaborada pela Federação Espírita Brasileira (FEB) dirigida ao diretor dos Correios, solicitando carimbo obliterador comemorativo do primeiro centenário de fundação da primeira sociedade espírita em terras do Brasil. No referido noticiário há comentário do ex-presidente da FEB, A. Wantuil de Freitas (1895-1974):

> Objetivando espalhar por esses Brasis afora as sementes da Terceira Revelação, o Alto, que a tudo presidia, escolhera como ponto de irradiação a dadivosa Bahia, onde foram lançados os alicerces da Nação cristã que hoje somos e da Pátria do Evangelho que haveremos de ser. E é, então, na leal valorosa Cidade do Salvador que Luiz Olympio Teles de Menezes organiza uma sociedade nos moldes desejáveis, regida por Estatutos que facultavam o ingresso de quaisquer estudiosos e instituíam o trabalho assistencial nos meios espíritas.[4]

---

4. *Reformador*, setembro de 1965, p. 201-210.

Adilton Pugliese

Realmente, em 17 de setembro de 1865, surgia em Salvador o Grupo Familiar do Espiritismo, destinado a orientar a propaganda e a incentivar a criação de outras sociedades semelhantes pelo resto do país, informa A. Wantuil, destacando que em razão de todo esse conjunto de sucessos pioneiros é que a Bahia é tida como o *berço do Espiritismo* em terras brasileiras.

> O Grupo Familiar do Espiritismo se denominou essa associação composta de poucos, muitos poucos homens, mas de firme convicção, de inabalável crença, que, animados da melhor vontade, sinceramente esposando as salutares doutrinas do Espiritismo, trabalharam e lutaram durante oito anos.[5]

O berço mundial do Espiritismo foi a França, mas podemos considerar que, realmente, no Brasil, a nascente dos fenômenos provocados pelos Espíritos foi a Cidade do São Salvador, na Bahia, em meados do século XIX, antes mesmo da iniciação do futuro codificador, no mês de maio de 1855, em torno dos episódios das mesas girantes ou falantes – que seriam considerados por ele como o *ponto de partida* da Doutrina Espírita –, inicialmente em encontro íntimo na casa da sonâmbula Sra. Adelaide Josephine Roger (1820-1883), ali comparecendo em companhia do Sr. Jacques Auguste Fortier (1803-1880),[6] *magnetizador* da referida médium, encontrando-se com outro

---

5. MONTEIRO, Eduardo Carvalho. *Anuário histórico espírita 2004.* São Paulo: Madras Editora Ltda., 2005, p. 150.
6. BASTOS, Carlos Seth. *Espíritos sob investigação.*1. ed. São Paulo, SP: CCDPE-ECM, 2022, p. 102.

amigo, o advogado Léon Pâtier, e posteriormente numa terça-feira do mesmo mês, às oito horas da noite, em casa da médium Sra. Plainemaison [Jeanne Elisa Laroche], à Rue Grange-Batelière, 16, em Paris.

Desde 1853 já aconteciam noticiários, na antiga Província da Corte Brasileira, sobre os fenômenos das *tables mouvantes* ou *tables parlantes*, que agitavam, desde 1850, a Europa e os Estados Unidos (as *table-moving)*, que giravam, saltavam e corriam, bem como experimentações mediúnicas. Quando a Doutrina Espírita chegou às terras baianas, o mediunismo, tão antigo quanto a Humanidade, já se encontrava disseminado entre as camadas populares.[7]

Graças ao compromisso de Allan Kardec, assumido para o advento do Consolador, prometido por Jesus, e ao dinamismo da FEB na propagação dos seus ensinamentos e dos Espíritos, os centros espíritas na modernidade:[8]

- São núcleos de estudo, de fraternidade, da oração e de trabalho, praticados dentro dos princípios espíritas.
- São escolas de formação espiritual e moral, que trabalham à luz da Doutrina Espírita.
- São postos de atendimento fraternal para todos os que os buscam com o propósito de obter orientação, esclarecimento, ajuda ou consolação.

---

7. LOUREIRO, Lúcia. *Memórias históricas do Espiritismo no Estado da Bahia* – a saga dos pioneiros e a repercussão no Brasil. 3. ed. Salvador, BA: L.L. Editora, 2021, p. 51.

8. FEDERAÇÃO ESPÍRITA BRASILEIRA. *Orientação ao Centro Espírita*. 1. ed. 1ª imp. Brasília: FEB, 2021, p. 27.

- São oficinas de trabalho que proporcionam aos seus frequentadores oportunidades de exercitarem o próprio aprimoramento íntimo pela prática do Evangelho em suas atividades.
- São casas onde as crianças, os jovens, os adultos e os idosos têm oportunidade de conviver, estudar e trabalhar, unindo a família sob a orientação do Espiritismo.
- São recantos de paz construtiva, que oferecem aos seus frequentadores oportunidades para o refazimento espiritual e a união fraternal pela prática do "amai-vos uns aos outros".
- São núcleos que se caracterizam pela simplicidade própria das primeiras casas do Cristianismo nascente, pela prática da caridade e pela total ausência de imagens, símbolos, rituais ou outras quaisquer manifestações exteriores.
- São as unidades fundamentais do Movimento Espírita.

Ao longo dos anos, as áreas que integram o Conselho Federativo Nacional (CFN) da FEB estruturaram as suas atividades, ampliaram suas ações e elaboraram instrutivos documentos orientadores com subsídios e diretrizes para a realização das atividades nas instituições espíritas, documentos sempre atualizados, podendo ser citados:[9]

1. *Orientação à assistência e promoção social espírita.*
2. *Orientação para o atendimento espiritual no Centro Espírita.*

---

9. *Ibidem*, p. 19-20.

3. *Orientação à comunicação social espírita.*
4. *Orientação para a área de estudo do Espiritismo.*
5. *Orientação para a ação evangelizadora espírita da infância.*
6. *Orientação para a ação evangelizadora da juventude.*
7. *Orientação para a prática mediúnica no Centro Espírita.*
8. *O livro espírita e a sustentabilidade do Movimento Espírita.*

Adilton Pugliese
Janeiro de 2025.
Cento e sessenta anos da fundação do primeiro Centro Espírita do Brasil, em 17 de setembro de 1865, em Salvador, Bahia.

PREFÁCIO

Estamos vivendo momentos especiais na história do Espiritismo e do Movimento Espírita Brasileiro e mundial. O ano de 2004 está sendo contemplado com uma série de datas importantes, motivo de júbilo para os profitentes da doutrina, que, segundo revelação dos Espíritos superiores, haverá de promover a regeneração social da Humanidade.

Em 2 janeiro foram comemorados os 120 anos da Federação Espírita Brasileira (FEB), instituição que incansavelmente presta serviços e oferece produtos de qualidade em benefício do estudo, da prática e da divulgação doutrinária.

A obra compilada pela expressiva personalidade de Allan Kardec, que trata do aspecto moral dos ensinos de Jesus, completa 140 anos de existência! O *Evangelho segundo o Espiritismo* – cujas edições em português ultrapassam as centenas e os exemplares veiculados no território brasileiro somam-se aos milhões – continua consolando e esclarecendo corações e mentes no limiar do século XXI.

Este ano ainda reserva as festividades espirituais do bicentenário de nascimento de Allan Kardec, com o significativo evento a ser realizado no berço do Espiritismo. A França será palco do 4º Congresso Espírita Mundial, que abrigará adeptos de vários países e interligará, em uníssona vibração de paz e harmonia, espiritistas de todo o mundo para as reconhecidas homenagens e justos agradecimentos ao missionário que materializou, sob a inspiração dos Espíritos superiores, a Terceira Revelação entre os encarnados. E com toda essa expectativa e alegria no coração somos brindados com a obra que você, prezado leitor, compulsa nesse instante de emoção única. *Allan Kardec e o Centro Espírita*, de Adilton Pugliese, apresenta informações sucintas e preciosas sobre a Doutrina e, em especial, no que se refere à unidade fundamental do Movimento Espírita, tão cuidadosamente considerada pelo codificador.

O Centro Espírita, casa de consolo e de esclarecimento, merece nossa atenção. Por isso, é necessário conhecer o respeito que Allan Kardec teve e o valor que deu a este componente, a fim de que pudesse espargir os princípios doutrinários e assentar as suas práticas em bases coerentes e seguras.

Transcorridos quase 150 anos da Codificação Espírita, o Movimento Espírita Brasileiro e mundial solidifica-se gradativamente. Muito já foi realizado. Mais, ainda, falta realizar. Todavia, é estimulante saber que estamos no caminho certo. E dele jamais nos distanciaremos se nos mantivermos consentâneos com as bases estabelecidas pelo bom senso do codificador e com as sérias orientações emanadas de Espíritos interessados no progresso humano.

É, também, gratificante podermos apresentar um trabalho de qualidade, que certamente contribuirá para o enriquecimento da literatura espírita.

Geraldo Campetti Sobrinho
Brasília, 31 de março de 2004.

APRESENTAÇÃO

Numa entrevista realizada em 1989 (revista *Thot*, n.º 52, 1989), o psicólogo Ken Wilber (1949-), considerado teórico por excelência da Psicologia Transpessoal, referiu-se à palavra *paradigma*, utilizada com muita frequência nos últimos vinte anos, que foi introduzida pelo sociólogo Thomas Kuhn (1922-1996) há mais de quatro décadas, num livro de sua autoria intitulado *A estrutura das revoluções científicas*. Ele enfatiza que o sociólogo a empregou num sentido muito preciso, diferente do que muitos lhe dão hoje, de ser uma superteoria, um tipo de nova teoria, uma nova visão do mundo. Ken Wilber cita como exemplo de uma verdadeira *transformação paradigmática* a passagem da Física clássica para a Mecânica Quântica, considerando que há muitas situações na existência que a Física e a Mecânica clássicas não podem explicar de maneira causal. Muita gente afirma, diz Wilber, que Sigmund Freud (1856-1939) introduziu um novo paradigma na Psicologia, como se fosse uma nova teoria, um novo delineamento. Entretanto, segundo Thomas Kuhn, Freud "apenas continuou a caminhar numa trilha já demarcada".

Refletindo sobre uma visão de futuro das instituições espíritas, torna-se imprescindível um retorno às origens do Movimento Espírita, há mais de 145 anos, quando

Kardec fundou, em 1º de abril de 1858, a Sociedade Parisiense de Estudos Espíritas (SPEE). Remontando aos sinais precursores do Movimento Espírita, encontraremos "uma trilha já demarcada" que explica e justifica a existência dos atuais centros espíritas.

Fazendo-se uma reflexão sobre a *movimentação* atual, observa-se que aqui e ali surgem tentativas para abrir *novas trilhas*, dizendo-se que há *atrasos e práticas ultrapassadas, anacrônicas*, nos procedimentos espíritas. Despontam, assim, organizações e posicionamentos individuais que tentam sugerir novos paradigmas para modernizar o Movimento Espírita. Contudo, vencido o estádio da euforia inicial, essas iniciativas se desvanecem, por insustentáveis.

Por outro lado, nota-se que muitas instituições e equipes organizadas conseguiram atravessar o portal do século XX, sobrevivendo aos desafios desse século especial, representativo terminal do segundo milênio civilizador do Planeta Terra. Como conseguiram? É porque fincaram os seus pilotis numa "trilha já demarcada", desde as origens do Movimento Espírita. E onde estão essas raízes?

Isaac Newton, o grande matemático, físico, astrônomo e filósofo inglês (1642-1727) que descobriu as Leis da Atração Universal, um dia teria declarado: "Se olhei mais longe foi por estar em pé no ombro de gigantes". Pois bem, o gigante do Espiritismo é Allan Kardec e, se quisermos uma visão de futuro da administração das instituições espíritas, temos que, simbolicamente, apoiarmo-nos no ombro dele e observar qual a visão que ele teve nos momentos decisivos da consolidação da Terceira Revelação.

Allan Kardec e o Centro Espírita

Este livro é um esforço que visa demonstrar as pioneiras iniciativas de Allan Kardec para consolidar procedimentos que fortalecessem, em sua época e após a sua desencarnação, as células fundamentais de divulgação da Doutrina Espírita.

Alguns textos contidos neste livro foram, oportunamente, publicados em *Reformador*, da FEB, e na Revista *Presença Espírita*, do Centro Espírita Caminho da Redenção (CECR).

Adilton Pugliese

AS DUAS MISSÕES DE ALLAN KARDEC

"Glória a ti, desbravador do Continente da alma!"
(Vianna de Carvalho/Divaldo Franco)

Em 11 de julho de 1857, a edição do jornal *Courrier de Paris* estampava extenso artigo do jornalista G. du Chalard, apresentando aos leitores o seu parecer acerca de *O Livro dos Espíritos*, lançado por Allan Kardec a 18 de abril do referido ano.

Em seu comentário, Du Chalard informa não conhecer o autor do livro, mas declara: "Ficaríamos felizes em conhecê-lo. *Quem escreveu a Introdução de O Livro dos Espíritos deve ter a alma aberta a todos os sentimentos nobres*".[10]

Essa referência à personalidade do codificador da Doutrina Espírita, como possuidor de uma alma de *escol e virtuosa*, foi também caracterizada por dois de seus biógrafos: Henri Sausse (1852-1928) e André Moreil.

O primeiro tracejou a vida de Allan Kardec num texto de conferência, lido "por ocasião de solenidade com que os espíritas de Lyon celebraram, a 31 de março de 1896, o 27º aniversário do seu decesso". Essa biografia

---

10. KARDEC, Allan. *Revista espírita de 1858 a 1869*. 1. ed. São Paulo: Edicel, 1968, p. 31 e 32 (grifamos).

Adilton Pugliese

poderá ser lida, na íntegra, no livro *O que é o Espiritismo*, publicado pela Federação Espírita Brasileira (FEB).

André Moreil, em 1961, publicou, em Paris, por Editions Sperar, *La vie et l'Oeuvre d'Allan Kardec*, traduzido no Brasil em 1965, com prefácio de Herculano Pires.

"Denizard Rivail", declara Sausse, "era um alto e belo rapaz, de maneiras distintas, humor jovial na intimidade, bom e obsequioso", que, "desde o começo de sua juventude, sentiu-se atraído para a Ciência e a Filosofia".[11]

A primeira missão desse valoroso Espírito que codificou o Espiritismo foi como pedagogo emérito, laureado em sua pátria, tendo escrito e lançado, a partir de 1824, então com 20 anos, várias obras sobre aritmética e gramática francesa, muitas delas adotadas pela Universidade de França. Essa era a missão de Hippolyte Léon Denizard Rivail.

Contudo, além da "carreira pedagógica", outra missão "o chamava a uma tarefa mais onerosa, a uma obra maior", e "ele sempre se mostrou à altura da missão gloriosa que lhe estava reservada".[12]

André Moreil chama de *vida do homem laico* a primeira etapa da existência de Allan Kardec, desde o seu nascimento, em 3 de outubro de 1804, até 1854, quando se encontra com o Sr. Fortier e, pela primeira vez, ouve falar das mesas girantes.[13]

Nesse primeiro período de meio século, Moreil destaca a infância do menino Rivail: educado na atmosfera

---

11. KARDEC, Allan. *O que é o Espiritismo*. 37. ed. Rio de Janeiro: FEB, 1993, p. 11-12.

12. *Ibidem*, p. 14.

13. KARDEC, Allan. *Obras póstumas*. 26. ed. Rio de Janeiro: FEB, 1993, p. 266.

Allan Kardec e o Centro Espírita

correta, "o espírito de justiça e de honestidade foi-lhe inculcado pelo pai íntegro".[14]

No Instituto de Yverdon, na Suíça, onde ingressa em 1814, o jovem Rivail encontrou na doutrina e no exemplo do Educador Pestalozzi (1746-1827) "o modelo de homem íntegro que ele mesmo foi e que se tornou, também, o ideal da moral espírita".[15] "O jovem escolar lionês, ao qual os destinos reservariam sublime missão, logo se revelou um dos discípulos mais fervorosos do insigne pedagogista suíço".[16]

Em seguida à "vida de homem laico", aquela em que se notabilizou sob o nome do *professeur H.L.D. Rivail*, passaria à "vida de homem universal", a partir de maio de 1855, quando começa os seus "estudos sérios de Espiritismo",[17] ao perceber, nos fenômenos das mesas que giravam, saltavam e corriam, "a chave do problema tão obscuro e tão controvertido do passado e do futuro da Humanidade", compreendendo "a gravidade da exploração que ia empreender".[18] Nasceria, então, em 18 de abril de 1857, Allan Kardec, nome que tivera em antiga reencarnação nas Gálias, adotando-o como pseudônimo que o imortalizaria como codificador do Espiritismo.

A *missão primordial* que estava destinada a esse bravo Espírito exigia-lhe, assim, significativa estrutura moral

---

14. MOREIL, André. *Vida e obra de Allan Kardec*. São Paulo: Edicel, 1986, p. 21.
15. *Ibidem*, p. 24.
16. WANTUIL, Zeus; THIESEN, Francisco. *Allan Kardec* – meticulosa pesquisa biobibliográfica. Volume I. 1. ed. Rio de Janeiro: FEB, 1979, p. 53.
17. KARDEC, Allan. *Obras póstumas*. 26. ed. Rio de Janeiro: FEB, 1993, p. 268.
18. *Ibidem*, p. 267-268.

e profunda percepção dos fatos de que era testemunha e de que aqueles fatos, antes de serem "aparentes futilidades", eram, em suma, "toda uma revolução nas ideias e nas crenças".

Graças a essa delicada percepção e capacidade intuitiva de Allan Kardec, "uma alma aberta a todos os sentimentos nobres", é que lhe foi possível concretizar, em pouco menos de 15 anos, de 1854 a 31 de março de 1869, quando desencarnou, "a obra de sua vida", a cujo cumprimento adicionou comovente testemunho: "Dei-lhe todo o meu tempo, sacrifiquei-lhe o meu repouso, a minha saúde, porque diante de mim o futuro estava escrito em letras irrecusáveis".[19] E o resultado desse sacrifício, desse desprendimento, está consignado no artigo de Du Chalard, que conclui:

> *O Livro dos Espíritos*, do Sr. Allan Kardec, é uma página nova do grande livro do infinito [...]. A todos os deserdados da Terra, a todos quantos avançam ou caem, regando com as lágrimas o pó da estrada, diremos: lede *O Livro dos Espíritos;* ele vos tornará mais fortes. Também aos felizes, aos que em seu caminho só encontram as aclamações da multidão e os sorrisos da fortuna, diremos: estudai-o e ele vos tornará melhores.

Obrigado, Allan Kardec, mestre do Espiritismo! Os espíritas de todos os tempos saúdam-te, sempre, a vida exemplar.

---

19. *Ibidem*, p. 376.

1

O SONHO DO JOVEM ESTUDANTE RIVAIL

Em 12 de janeiro de 1818, na data do seu 72º aniversário, o professor Johann Heinrich Pestalozzi, cognominado *O Educador da Humanidade*, nascido em 1746 e desencarnado em 1827, proferiu um discurso diante do corpo docente e discente do Instituto de Yverdon, por ele instalado em 1805, localizado num castelo na cidade suíça de mesmo nome.

Em seu pronunciamento, Pestalozzi explica o papel do educador, que, a seu ver, "deve preservar e assistir o desenvolvimento das energias saudáveis da criança, como o jardineiro preserva e assiste o nascimento de uma planta, de uma flor". A imagem de Pestalozzi, comparando o professor a um jardineiro, "no discurso que comoveu todo o auditório pela grandeza d'alma estereotipada em cada trecho, ficaria gravada no espírito de um jovem de 13 anos", aluno do instituto, discípulo fiel do grande educador e que se encontrava presente à cerimônia.[20]

---

20. WANTUIL, Zeus; THIESEN, Francisco. *Allan Kardec* – meticulosa pesquisa biobibliográfica. Volume I. 1. ed. Rio de Janeiro: FEB, 1979, p. 119.

Adilton Pugliese

O pedagogo suíço admitia que a criança, desde a mais tenra idade, possuía, em germe, a razão e os sentimentos morais. Por isso é que o jovem de 13 anos, como discípulo de Pestalozzi, também:

> [...] entendia a necessidade de fazer desabrochar na criança os germes das virtudes e de reprimir os do vício, e que se podem transmitir ao educando, mediante adequada educação, as impressões próprias ao desenvolvimento das virtudes.[21]

Esse menino de 13 anos era o jovem Rivail, Hippolyte Léon Denizard Rivail, que mais tarde, sob a orientação do Espírito de Verdade, assinaria as obras da Codificação Espírita como Allan Kardec, nome de sua antiga personalidade druida. O menino Rivail tinha um sonho: aprofundar a temática defendida por Pestalozzi, escrevendo uma obra completa de Pedagogia. Dez anos depois, em junho de 1828, aos 24 anos, ainda não havia logrado esse sonho, mas lança em Paris o quarto livro de sua autoria: *Plano proposto para melhoria da educação pública* (*Plan proposé pour l'amélioration de l'education publique*). Nesse trabalho, o pedagogo H.-L.-D.-Rivail, como ele assinava suas obras didáticas, procura contribuir com o Parlamento francês para que se obtivessem melhores resultados no ensino público dado às crianças e propõe, ainda, a criação de uma Escola Teórica e Prática de Pedagogia, onde se estudaria tudo que diz respeito "à arte de formar os homens".[22] Antes, em 6 de dezembro de 1823, aos 19 anos,

21. *Ibidem.*
22. *Ibidem*, p. 117.

ele havia lançado a sua primeira obra didática: *Curso prático e teórico de aritmética,* que teve várias edições.[23]

Uma obra completa de pedagogia e a criação de uma Escola Teórica e Prática de Pedagogia, duas audaciosas metas que o professor Rivail persegue durante 36 anos, desde aquele 12 de janeiro de 1818. Outro, porém, era o seu destino. Embora todo o seu empenho, de corpo e alma, em instruir e educar um sem-número de crianças e jovens parisienses, ele estava sendo preparado para ser *homem universal.*

Destaca a escritora e pedagoga Dora Incontri que:

> A formação *pedagógica* de Allan Kardec não foi acidental. Primeiro porque a essência do Espiritismo é a educação. Ao contrário de outras correntes religiosas, que têm um caráter *salvacionista,* a Doutrina Espírita, no seu tríplice aspecto de ciência, filosofia e religião, pretende promover a evolução dos homens e esta evolução é um processo pedagógico. *A educação do Espírito é o cerne da proposta espírita.*

E continua Incontri, no livro de sua autoria *A educação segundo o Espiritismo,* explicando que "melhor compreende o Espiritismo quem o compreende pedagogicamente" e:

> [...] lendo Kardec com olhos pedagógicos, pode-se observar a sua insistência e dos Espíritos em comparações com imagens emprestadas do universo educacional. As *vidas*

---

23. *Ibidem,* p. 88.

Adilton Pugliese

> *sucessivas* são vistas como um curso regular, com seus anos letivos; a Terra é tratada como escola, em que nos matriculamos para nosso aperfeiçoamento.[24]

Se Rivail, em 1828, não obteve êxito na publicação do seu *Manual Completo de Pedagogia*, cujo público-alvo eram os franceses, organiza e lança em 18 de abril de 1857, sob o pseudônimo de Allan Kardec, o maior manual de *educação integral* oferecido à Humanidade para a sua formação moral e espiritual na Escola da Terra: *O Livro dos Espíritos.*

E, quase um ano depois, em 1º de abril de 1858, criaria o primeiro modelo de uma sociedade voltada para o *estudo e a vivência* da Doutrina Espírita: a Sociedade Parisiense de Estudos Espíritas (SPEE), que tinha, portanto, graças à formação acadêmica do seu fundador, um *caráter essencialmente pedagógico*. Era dado o primeiro passo para a consolidação e multiplicação dos centros espíritas na Terra.

---

24. INCONTRI, Dora. *A educação segundo o Espiritismo*. São Paulo: FEESP, 1997, p. 192 (grifamos).

2

A INICIAÇÃO DE ALLAN KARDEC NO ESPIRITISMO E O LANÇAMENTO DE *O LIVRO DOS ESPÍRITOS*

Em 1854 vamos encontrar o professor Rivail com 50 anos. Paris vivia a confusão das mesas girantes, fenômeno que havia invadido a Europa, após os extraordinários acontecimentos de Hydesville, em a noite de 31 de março de 1848, envolvendo a família de John Fox, protestantes da igreja metodista, sobretudo as adolescentes Catherine Fox (Kate), de 11 anos, Margaret, de 14 anos, e Ann Leah, de 37 anos.

Como ele mesmo relata nas anotações no seu diário íntimo que compõe a segunda parte do livro *Obras póstumas*, foi naquele ano de 1854 que ouviu falar, pela primeira vez, das mesas girantes. Nessa época já tinha conhecimentos acerca do *magnetismo*, "estando consciente de que por meio da ação magnética pode ocorrer produção de fenômenos inusitados".

É quando se encontra com o magnetizador Fortier, que lhe diz:

— Já sabe da singular propriedade que se acaba de descobrir no magnetismo? Parece que já não são somente as pessoas que se podem magnetizar, mas também as mesas, conseguindo-se que elas girem e caminhem à vontade.

— É, com efeito, muito singular — respondeu o professor Rivail *—, mas, a rigor, isso não me parece radicalmente impossível. O fluido magnético, que é uma espécie de eletricidade, pode perfeitamente atuar sobre os corpos inertes e fazer que eles se movam.*[25]

Tempos depois, encontra novamente Fortier, que revela:

— Temos uma coisa muito mais extraordinária; não só se consegue que uma mesa se mova, magnetizando-a, como também que fale. Interrogada, ela responde.[26]

— Isto, agora — replicou Rivail *—, é outra questão. Só acreditarei quando o vir e quando me provarem que uma mesa tem cérebro para pensar, nervos para sentir e que possa tornar-se sonâmbula.*[27]

No ano seguinte, em princípios de 1855, encontra o Sr. Carlotti, seu "amigo de 25 anos", que lhe fala das manifestações dos Espíritos e declara: *— Um dia, o senhor será dos nossos.*

Em maio de 1855, o Sr. Roger convida-o para assistir às experiências.

---

25. KARDEC, Allan. *Obras póstumas.* 26. ed. Rio de Janeiro: FEB, 1993, p. 266.
26. *Ibidem.*
27. *Ibidem.*

E numa terça-feira, às 20 horas de um dia do mês de maio de 1855, na casa da médium Sra. Plainemaison, à Rue Grange-Batelière, 16, Denizard foi testemunha das mesas que giravam, saltavam e corriam, sem condições de poder alimentar dúvida. E ele declara:

— *Minhas ideias estavam longe de precisar-se, mas havia ali um fato que necessariamente decorria de uma causa. Eu entrevia, naquelas aparentes futilidades, no passatempo que faziam daqueles fenômenos, qualquer coisa de sério, como que a revelação de uma nova lei, que tomei a mim estudar a fundo. [...] Percebi, naqueles fenômenos, a chave do problema tão obscuro e tão controvertido do passado e do futuro da Humanidade, a solução que eu procurara em toda a minha vida. Era, em suma, toda uma revolução nas ideias e nas crenças.*[28]

Inicialmente, vê no contato com os Espíritos a possibilidade de instruir-se acerca do Mundo espiritual. Depois viu que "aquilo constituía um todo e ganhava as proporções de uma *doutrina*",[29] teve, então, a ideia de publicar os ensinos para a instrução de todas as pessoas.

Ia começar o trabalho da Codificação Espírita através de mais de 10 médiuns que prestaram sua assistência ao trabalho, obtendo, assim, dos Espíritos as explicações sobre a origem e a finalidade da vida e do destino do homem.

Recebe mais de 50 cadernos com várias anotações e organiza-os, comenta-os e, mais tarde, declararia:

— *Da comparação e da fusão de todas as respostas, coordenadas, classificadas e muitas vezes retocadas no silêncio da*

---

28. *Ibidem*, p. 267-268.
29. *Ibidem*, p. 270.

meditação, foi que elaborei a primeira edição de O Livro dos Espíritos.[30] Quase dois anos depois daquele encontro com o Sr. Carlotti, exatamente em 18 de abril de 1857, pela manhã, retornavam da tipografia 1.200 volumes da primeira edição de *O Livro dos Espíritos*, de capa cor cinza, com 501 questões.[31]

Naquele momento, Allan Kardec realizava o sonho que tivera aos 13 anos. Lançava a maior obra de Pedagogia, voltada para a educação moral dos Espíritos que formam a Humanidade terrestre. Mais tarde, em março de 1860, é que seria lançada a segunda edição, inteiramente refundida e consideravelmente aumentada, composta de quatro partes com 1.019 questões, com o subtítulo *filosofia espiritualista*.

---

30. *Ibidem*, p. 271.
31. ABREU, Canuto. *O Livro dos Espíritos e sua tradição histórica e lendária*. 1. ed. São Paulo: LFU, 1992, p. 42.

3

QUATRO PONTOS CARDEAIS DE ALLAN KARDEC

Após o lançamento da obra fundamental do Espiritismo, *O Livro dos Espíritos*, Allan Kardec estava plenamente consciente da tarefa que ia empreender e à qual dera início, missão que lhe fora revelada pelo menos em quatro oportunidades: em 30 de abril de 1856, em casa do Sr. Roustan, sendo médium a Srta. Japhet, quando obtém a *primeira revelação* sobre seus compromissos, fato confirmado na mesma residência e através da mesma médium, em 7 de maio de 1856, pelo Espírito Hahnemann; em 12 de junho de 1856, pelo Espírito Verdade, em casa do Sr. C., atuando como médium a Srta. Aline C., e em 12 de abril de 1860, numa *comunicação espontânea* obtida na ausência de Allan Kardec, na casa do Sr. Dehau, tendo sido médium o Sr. Crozet. Nessa última, a Entidade comunicante destaca:

– *A missão do vosso presidente é perigosa e, para cumpri-la, são necessárias uma fé e uma vontade inabaláveis, assim como abnegação e coragem para afrontar as injúrias, os sarcasmos, as decepções e não se alterar com a lama que a inveja e a calúnia atirem.*[32]

Em 9 de agosto de 1863, numa reunião na cidade de Ségur, quando Kardec tece considerações com os Espíritos sobre a elaboração da terceira obra da Codificação, *O Evangelho segundo o Espiritismo*, as Entidades amigas advertem-no de que os adversários vão agredi-lo com armas envenenadas, mas animam-no, dizendo-lhe:

– *Ao te escolherem, os Espíritos conheciam a solidez das tuas convicções e sabiam que a tua fé, qual* muro de aço, *resistiria a todos os ataques.*[33]

Antes, em 24 de janeiro de 1860, em casa do Sr. Forbes, através da médium Sra. Forbes, Allan Kardec conversa com os Espíritos codificadores acerca do tempo que teria para a conclusão das tarefas com as quais havia se compromissado antes de reencarnar. Calcula, então, *segundo a sua maneira de apreciar as coisas* e sem a ninguém comentar a respeito, que teria cerca de dez anos para o cumprimento de sua missão. Surpreende-se, assim, quando toma conhecimento de que um dos correspondentes da Sociedade Parisiense de Estudos Espíritas (SPEE), sediado na cidade de Limoges, havia obtido uma mensagem, dada espontaneamente, em que o Espírito comunicante dizia que *dez anos se passariam* antes que Kardec concluísse suas tarefas.

Estabelece-se, então, na casa do Sr. Forbes, o seguinte diálogo:

---

32. KARDEC, Allan. *Obras póstumas*. 26. ed. Rio de Janeiro: FEB, 1993, p. 298.
33. *Ibidem*, p. 308 (grifamos).

Pergunta (à Verdade): – Como é que um Espírito, comunicando-se em Limoges, onde nunca fui, pôde dizer precisamente o que eu pensava acerca da duração dos meus trabalhos?

Resposta: – Nós sabemos o que te resta a fazer e, por conseguinte, o tempo aproximado de que precisas para acabar a tua tarefa. É, portanto, muito natural que alguns Espíritos o tenham dito em Limoges e algures, para darem uma ideia da amplitude da coisa, pelo trabalho que exige.[34]

Como sabemos, Allan Kardec desencarnou em 31 de março de 1869, nove anos, dois meses e sete dias após o vaticínio naquela reunião de 24 de janeiro de 1860. Havia, portanto, um meticuloso planejamento estratégico no Mundo espiritual em torno das metas que deveriam ser alcançadas pelo codificador, tanto que identificamos no seu programa missionário uma tática que podemos configurar como *quatro pontos cardeais*, adiante identificados, os quais, concretizados, consolidariam o cumprimento da promessa do Cristo do advento do Consolador, conforme se encontra exarado no Evangelho de João, 14:15 a 17 e 26.

I – O desdobramento da Codificação

Num depoimento escrito em janeiro de 1867, que faz parte do livro *Obras póstumas*, Allan Kardec declara que naquela época ele tinha em vista apenas *O Livro dos Espíritos* e "estava longe de imaginar as proporções que tomaria o conjunto do trabalho". Em 17 de junho de 1856, consultando o Espírito Verdade indaga:

---

34. *Ibidem*, p. 296.

Adilton Pugliese

– *Uma parte da obra foi revista, quererás ter a bondade de dizer o que dela pensas?*

Após algumas considerações acerca do assunto, o Espírito Verdade informa que, por muito importante que seja esse primeiro trabalho – *O Livro dos Espíritos* –, *"ele não é, de certo modo, mais do que uma introdução"*.[35]

Havia um *edifício de ideias* a ser construído, de forma singular, a partir da *cúpula*, da estrutura fundamental. Outras obras seriam publicadas sucessivamente, dentro de um *plano bem concebido*, consoante a declaração de *muitos Espíritos*, em reunião íntima em casa do Sr. Baudin, em 11 de setembro de 1856.[36]

Essa meta, portanto, foi consolidada a partir da substância filosófica de *O Livro dos Espíritos*, por ser ele o núcleo, o epicentro, a viga mestra do que é conhecido como o Pentateuco Kardequiano. Esse desdobramento, mais tarde, seria confirmado com o lançamento de *O Livro dos Médiuns (Le Livre des Médiuns)*, em 15 de janeiro de 1861; *Imitação do Evangelho segundo o Espiritismo (Imitation de l'Évangile selon le Spiritisme)*, em abril de 1864, obra que a partir da segunda edição, publicada em 1865, teria o título mudado para *O Evangelho segundo o Espiritismo (L'Évangile selon le Spiritisme); O Céu e o Inferno, ou a Justiça Divina segundo o Espiritismo (Le cie et l'enfer, ou la justice divine selon le Spiritisme)*, em 1865, e *A Gênese, os milagres e as predições segundo o Espiritismo (La genèse, les miracles et les prédictions selon le Spiritisme)*, em 1868.

Allan Kardec publicou, ainda: em 1858, *Instruções práticas sobre as manifestações espíritas*, que ele deixou de

---

35. *Ibidem*, p. 285 (grifo do original).
36. *Ibidem*, p. 286.

Allan Kardec e o Centro Espírita

imprimir após o lançamento de *O Livro dos Médiuns*; em 1859, *O que é o Espiritismo*; em 1862, *O Espiritismo na sua expressão mais simples* e *Viagem espírita em 1862.*[37]

II – A publicação da "Revista espírita"

Para a concretização desses empreendimentos futuros, Allan Kardec sentiu a necessidade de contar com um poderoso auxiliar, que funcionasse como um *porta- -voz dos novos ideais*. Ele percebia a urgência de:

> [...] criar uma folha que periodicamente pusesse os estudiosos espíritas a par do que se passava no mundo e que metodicamente os instruísse sobre as mais variadas questões doutrinárias. Em vez de responder a uma só pessoa, ele o faria a muitas ao mesmo tempo, se se servisse de uma publicação periódica.[38]

Em 15 de novembro de 1857, em casa do Sr. Dufaux, Allan Kardec consulta os Espíritos codificadores, buscando aconselhamento sobre a sua intenção de publicar um *jornal espírita*. Estava incerto quanto ao sucesso do empreendimento e sem apoio financeiro. Através da médium Srta. Ermance Dufaux, os Espíritos recomendam perseverança, dizendo-lhe que "há sempre tempo para tudo". "Será preciso que lhe dispenses muito cuidado, a fim

---

37. *Reformador*, março de 1999, p. 92-93.
38. FEDERAÇÃO ESPÍRITA BRASILEIRA. *Movimento Espírita*: apostila do estudo sistematizado da Doutrina Espírita. Rio de Janeiro: FEB, 1996, p. 10.

de assentares as bases de um bom êxito durável",[39] dizem--lhe os guias.

Animado, Allan Kardec publica o *primeiro número* da *Revue spirite* em 1º de janeiro de 1858, com 36 páginas. Não tinha um único assinante nem a ajuda de qualquer sócio, absorvendo ele todas as despesas necessárias. "Publiquei-o correndo eu, exclusivamente, todos os riscos, e não tive de que me arrepender, porquanto o êxito ultrapassou a minha expectativa", declararia ele em nota no seu diário de 15 de novembro de 1857.[40]

Allan Kardec dirigiu a *Revue spirite*, ininterruptamente, durante onze anos e três meses. Ao desencarnar, em 31 de março de 1869, deixara pronta, para ser enviada à tipografia, a edição de abril daquele ano.

III – Sociedade Parisiense de Estudos Espíritas (SPEE) – fundação e atividades

"Estamos convictos de que ela é chamada a prestar incontáveis serviços à constatação da verdade."
(Allan Kardec – *Revista espírita de 1858*)

O primeiro Centro Espírita do mundo, nas *Considerações preliminares* da exposição de motivos do famoso documento *Constituição do Espiritismo*, escrito por Allan Kardec, e constante do livro *Obras póstumas*, publicado em 1890, vinte e dois anos após o lançamento da última obra da Codificação, *A Gênese*, e vinte e um anos poste-

---

39. KARDEC, Allan. *Obras póstumas*. 26. ed. Rio de Janeiro: FEB, 1993, p. 293.
40. *Ibidem*, p. 294.

riormente à sua desencarnação, o mestre destaca que: "O Espiritismo teve, como todas as coisas, o seu período de gestação" e declara, ainda:

> Enquanto ele não passava de uma opinião filosófica, não podia contar, da parte de seus adeptos, senão com a simpatia natural que a comunhão de ideias produz; nenhum *laço sério* podia existir entre eles, *por falta de um programa claramente traçado*. Esta, evidentemente, a *causa fundamental da débil coesão e da instabilidade dos grupos e sociedades* que logo se formaram. Por isso mesmo, constantemente procuramos, e com todas as nossas forças, afastar os espíritas do propósito de *fundarem prematuramente qualquer instituição especial* com base na doutrina, antes que esta assentasse em alicerces sólidos.[41]

No mesmo importante documento, o meticuloso organizador e comentarista de *O Livro dos Espíritos* considera que teria sido imprevidente se não considerasse as dificuldades que poderiam surgir para a consolidação da doutrina e declara que foi com o intuito de evitá-las que "elaboramos um *plano de organização*, pondo em jogo a experiência do passado, a fim de evitar os escolhos contra que se chocaram a maioria das doutrinas que apareceram no mundo".[42]

Certamente, desde os primórdios das tarefas codificadoras do Espiritismo, especialista que era em planejamento pedagógico, elaborando planos de ensino, de

---

41. *Ibidem*, p. 345 (grifamos).
42. *Ibidem*, p. 347 (grifamos).

aprendizagem, da propedêutica curricular e também da parte administrativa das escolas que fundou, o futuro Allan Kardec, ao ver a dimensão, a magnitude do empreendimento que iria coordenar, necessitando agir como um verdadeiro missionário, cuidou de planejar, estrategicamente, as etapas que consolidariam a Terceira Revelação. Arrojado objetivo foi o da criação da SPEE, ou, em francês, *Societé Parisienne des Études Spirites (SPES)*, cujo título era abreviado por Allan Kardec para *Societé Spirite de Paris, Société des Études Spirites* ou mesmo *Societé de Paris*. Kardec foi meticuloso, paciente, soube esperar o momento certo para lançar os alicerces da sociedade a fim de que, caso viessem a ocorrer situações inesperadas, não se arrependesse de ter fundado "prematuramente qualquer instituição especial".

A SPEE pode ser considerada a primeira Instituição Espírita do mundo criada de forma organizada, legalmente constituída, com o seu registro de pessoa jurídica, seu estatuto, ata de fundação, assembleias de prestação de contas e eleições etc., considerando que os grupos precursores tiveram origem no *ambiente íntimo familiar*, a exemplo das reuniões na casa do Sr. Roustan, na do Sr. Boudin, na da Sra. Plainemaison.

> Foi por volta de outubro de 1857 que se iniciaram as reuniões espíritas na residência do casal Allan Kardec, à Rue des Martyrs, 8. Aconteciam às terças-feiras à noite e o médium principal era a Srta. Ermance Dufaux. Com o número crescente de frequentadores, fez-se indispensável encontrar um local mais amplo. A

solução encontrada foi alugar uma sala, cotizando-se as despesas entre as pessoas.[43]

A autorização para o seu funcionamento foi dada pelo Sr. Prefeito de Polícia de Paris, conforme o aviso de S. Exa. o Sr. Ministro do Interior e da Segurança Geral, em data de 13 de abril de 1858, tal como comunica Allan Kardec aos assinantes da *Revue spirite* no exemplar de maio, em que informa também a sua fundação em 1º de abril daquele ano.

Na referida publicação, o editor destaca:

> A extensão, por assim dizer, universal que tomam diariamente as crenças espíritas fazia desejar-se vivamente a criação de um centro regular de observações. Esta lacuna acaba de ser preenchida. A sociedade cuja formação temos o prazer de anunciar, composta exclusivamente de pessoas sérias, isentas de prevenções e animadas do sincero desejo de esclarecimento, contou, desde o início, entre os seus associados, com homens eminentes por seu saber e por sua posição social.

Na mesma reunião de instalação, Kardec foi indicado e tomou posse como o seu primeiro presidente. Foi o primeiro presidente formal de uma Sociedade Espírita.[44]

---

43. *Reformador,* fevereiro de 1999, p. 62.
44. KARDEC, Allan. *Revista espírita de 1858 a 1869.* 1. ed. São Paulo: Edicel, 1968, p. 153-154.

Adilton Pugliese

Passados os primeiros momentos de instalação da SPEE, Kardec, a partir de julho de 1859, anunciou na *Revista espírita*:

> Para o futuro publicaremos regularmente o relato das sessões da Sociedade. Contávamos fazê-lo a partir desse número, mas o excesso de matéria obriga-nos a adiá-lo para a próxima edição. Os sócios residentes fora de Paris e os membros correspondentes poderão, assim, acompanhar os trabalhos da Sociedade.

E, realmente, a partir do exemplar de agosto de 1859, passou a divulgar o boletim da novel Instituição Espírita.

Em janeiro de 1861, ao publicar *O Livro dos Médiuns* reforça o capítulo que escreveu, nesse livro, sobre a organização, condução e de todo o sistema operacional das reuniões experimentais, ali introduzindo o regulamento da SPEE, que teria como objeto "o estudo de todos os fenômenos relativos às manifestações espíritas e suas aplicações às ciências morais, físicas, históricas e psicológicas".[45]

Quando a SPEE completou quatro anos de existência, em 1º de abril de 1862, Kardec elaborou um relatório, em forma de discurso, que pronunciou "na abertura do ano social", prestando contas das atividades desenvolvidas pela instituição. No seu pronunciamento, fala do concurso recebido da Espiritualidade, para consolidar a sua constituição; das dificuldades enfrentadas, porque tinha "em

---

45. KARDEC, Allan. *O Livro dos Médiuns*. 69. ed. Rio de Janeiro: FEB, 2001, p. 455.

seu seio elementos de dissolução" e de que "sua existência chegou, em certo momento, a estar comprometida".[46]

Há um momento no discurso em que encontramos os primeiros sinais do atual modelo unificacionista do Movimento Espírita Brasileiro, competentemente dinamizado pela Federação Espírita Brasileira (FEB), por meio das atividades conhecidas como *federativismo*:

> Cabe aqui, senhores, uma observação importante sobre a natureza das relações entre a Sociedade de Paris e as reuniões ou Sociedades fundadas sob os seus auspícios, e que seria erro considerar como sucursais. A Sociedade de Paris não tem sobre aquelas outras autoridade *senão a da experiência*; mas, como disse de outra vez, não se imiscui em seus negócios; *seu papel limita-se a conselhos oficiais, quando solicitados. O laço que as une é, pois, puramente moral, baseado na simpatia e na similitude de ideias; não há qualquer filiação, qualquer solidariedade material. A única palavra de ordem é a que deve ligar todos os homens: caridade e amor do próximo, palavra de ordem pacífica e que não levante suspeitas.*[47]

Passados mais de 145 anos de fundação da Sociedade de Paris, os ideais unificacionistas em torno dos centros espíritas – que no Brasil têm o seu ponto de germinação no histórico *Pacto Áureo*, em 5 de outubro de 1949 –, com base *num laço puramente moral alicerçado na simpatia e na*

---

46. KARDEC, Allan. *Revista espírita de 1858 a 1869*. 1. ed. São Paulo: Edicel, 1968, p. 191.
47. *Ibidem*, p. 191 (grifamos).

similitude de ideias, permanecem como o motivador ideal, aglutinador e fortalecedor da *atividade-meio* da Doutrina Espírita, desenvolvida por homens e Espíritos, visando à excelência da *atividade-fim*, que é o seu estudo, a sua divulgação, a sua semeadura, a sua prática pelo maior número possível de mentes e corações.

IV – As atividades da SPEE

Em noticiário na última página do exemplar do mês de maio de 1858 da *Revista espírita*, Allan Kardec anuncia a fundação da SPEE. Nesse artigo ele traceja o perfil da sociedade:

- Prestar incontáveis serviços para a constatação da verdade.
- Seu regulamento orgânico lhe assegura homogeneidade sem a qual não há vitalidade possível.
- Está baseada na experiência de homens e de coisas, e sobre o conhecimento das condições necessárias às observações que fazem o objeto de suas pesquisas.
- Os estrangeiros que se interessam pela Doutrina Espírita encontrarão, assim, vindo a Paris, um centro ao qual poderão se dirigir para se informarem, e onde poderão comunicar suas próprias observações.

Segundo o professor Deolindo Amorim (1906-1984):

> Kardec teve muitos aborrecimentos na direção da sociedade por ele mesmo fundada, mas deixou a semente para o futuro. A sociedade, infelizmente, não se desenvolveu; mas ficou,

apesar de tudo, o modelo, o registro histórico, o exemplo de trabalho, ordem e sinceridade, traços característicos do glorioso codificador da Doutrina Espírita.[48]

V – As viagens de propaganda espírita

Aproximadamente trinta e oito anos após ter deixado a escola de Pestalozzi, em Yverdon, no ano de 1822, e fixado residência em Paris no mesmo ano,[49] Allan Kardec retorna à sua cidade natal, Lyon, a *Cidade dos Mártires* e, em a noite de 19 de setembro de 1860, "é recebido no Centro Espírita de Broteaux, o único existente em Lyon", relata Wallace Leal V. Rodrigues, tradutor da obra *Viagem espírita em 1862*,[50] sendo recepcionado pelo Sr. Dijoud, operário e chefe de oficinas, e sua esposa. Era a primeira viagem de propaganda espírita promovida pelo codificador e aquele seria, na história, o primeiro encontro de dirigentes espíritas: Dijoud, à frente do grupo lionês, e Kardec, presidente da SPEE. Kardec é o conferencista daquele significativo momento, fazendo surgir naquele instante memorável a primeira *estrela* dos futuros centros espíritas, que se multiplicariam pelo mundo, como ele próprio vaticinara, para iluminar os caminhos dos homens, tirando-os da confusão do materialismo para a sua reconstrução espiritual.

---

48. JORGE, José (Org.). *Relembrando Deolindo Amorim II*. 1. ed. Rio de Janeiro: CELD, 1994, p. 19.
49. WANTUIL, Zeus; THIESEN, Francisco. *Allan Kardec* – meticulosa pesquisa biobibliográfica. Volume I. 1. ed. Rio de Janeiro: FEB, 1979, p. 82.
50. KARDEC, Allan. *Viagem espírita em 1862*. 2. ed. Matão: O Clarim, 1968.

Wallace informa que em 1861 Kardec retorna à *Cidade dos Mártires*, no outono, dando prosseguimento ao Movimento Espírita nascente, e em outro 19 de setembro realiza reuniões com trabalhadores e dirigentes espíritas, observando o surgimento de novos grupos, em Guillotière, em Perrache, em Croix-Rousse, em Vaise, em Saint-Juste, além de variadas reuniões familiares, precursoras dos centros espíritas.

Mais tarde, incansável, identificando a importância desses encontros, dessas visitas diretas aos núcleos pioneiros nascentes, promove a terceira viagem de divulgação doutrinária e, porque não dizer, de gestão administrativa. Segundo Wallace, será a mais extensa e se alongará até a cidade de Bordeaux. Nesse périplo, visita mais de 20 localidades, presidindo cerca de 50 reuniões. Foram seis semanas e um percurso de 693 léguas, observando, satisfeito, a "constatação dos imensos progressos do Espiritismo".

André Moreil, em *Vida e obra de Allan Kardec*,[51] de sua autoria, destaca que "essa grande viagem de estudos foi, mais tarde, publicada em obra especial, que se tornou auxiliar indispensável aos grupos espíritas, tanto no que concerne à doutrina quanto no que diz respeito *à organização e administração das sociedades espíritas [...]*".

---

51. MOREIL, André. *Vida e obra de Allan Kardec*. São Paulo: Edicel, 1986, p. 85 (grifamos).

4

PRIMÓRDIOS DO MOVIMENTO ESPÍRITA

Toda a atenção de Allan Kardec, seu empenho e iniciativas nos primeiros 12 anos, desde o seu comentado encontro com o Sr. Carlotti, em princípios de 1855, que lhe fala das manifestações dos Espíritos, declarando-lhe: – *Um dia, serás um dos nossos* – foram concentrados na primeira fase de sua missão, a Codificação da Doutrina Espírita. Portanto, após as viagens realizadas ao interior da França e a publicação de um relato dessas atividades, Kardec conclui e lança a primeira edição de *Imitação do Evangelho segundo o Espiritismo*, em 1864, que, a partir da segunda edição, em 1865, toma o título de *O Evangelho segundo o Espiritismo*. Ainda nesse ano publica *O Céu e o Inferno, ou a Justiça Divina segundo o Espiritismo*, e a *Coleção de Preces Espíritas*, extraída de *O Evangelho segundo o Espiritismo*. Divulgaria em janeiro de 1868 o último tomo do conjunto das obras básicas, com o lançamento de *A Gênese, os milagres e as predições segundo o Espiritismo*.

"Trabalhando com desprendimento e desinteresse, sacrificando saúde e repouso, donde hauria ele as forças para levantar tão gigantesca obra?". Certamente, responderia, "foi o amor que tornou possível a minha obra. Há em nós um poder divino quando procuramos a verdade, sem temer a luz".[52]

Antes de sua desencarnação em 31 de março de 1869, portanto, oferece toda a estrutura do corpo doutrinário do Espiritismo, esforço que ficou conhecido como a *etapa da Codificação*, que teve a França como o país eleito pela Espiritualidade superior para a grande missão de apresentar ao mundo o Espiritismo, no seu aspecto tríplice de Ciência, Filosofia e Religião. Declara Victor Hugo, Espírito, através da mediunidade missionária de Divaldo Pereira Franco, que:

> Nenhum país reunia condições, naquele momento histórico, que pudessem rivalizar com as ali conquistadas, e lugar algum, exceto Paris, dispunha dos requisitos culturais e tradições da inteligência para o tentame ímpar. [...] A França, mais uma vez, hospedaria o Missionário, a fim de que dali partissem, pulcras e imbatíveis, as diretrizes para o pensamento em relação ao futuro".[53]

---

52. WANTUIL, Zeus; THIESEN, Francisco. *Allan Kardec – meticulosa pesquisa biobibliográfica.* Volume III. 1. ed. Rio de Janeiro: FEB, 1980, p. 19.
53. HUGO, Victor. FRANCO, Divaldo. *Árdua ascensão.* 1. ed. Salvador: LEAL Editora, 1985, p. 137.

Entendemos que Allan Kardec concluiu com êxito a tarefa de elaborar os instrumentos que promoveriam as diretrizes que abalariam as velhas concepções, os antigos dogmas e a visão reducionista da Ciência ortodoxa acerca da natureza do homem. Allan Kardec estava perfeitamente convicto com relação ao futuro do Espiritismo, revelado em Marselha, através do médium Sr. Jorge Genouillat:

> O Espiritismo é chamado a desempenhar imenso papel na Terra. Ele reformará a legislação ainda tão frequentemente contrária às leis divinas; retificará os erros da História; restaurará a religião do Cristo e instituirá a verdadeira religião, a religião natural e extinguirá para sempre o ateísmo e o materialismo.[54]

A grandiosidade e a responsabilidade desse formidável destino atribuído a uma doutrina levaram Allan Kardec a preocupar-se, nos derradeiros momentos de sua reencarnação, com as atividades que seriam desenvolvidas, no porvir, para que ela se mantivesse permanentemente ativa, como um potente farol, iluminando consciências.

Há um momento em que Allan Kardec faz uma reflexão em torno de sua tarefa. Era o ano de 1868. Quatorze anos se haviam passado, desde o seu encontro com o magnetizador Sr. Fortier, que lhe fala das mesas girantes. "A Doutrina não corria perigo. Estava solidamente estruturada em seus fundamentos filosóficos, científicos e morais.

---

54. KARDEC, Allan. *Obras póstumas*. 26. ed. Rio de Janeiro: FEB, 1993, p. 299.

Adilton Pugliese

Podia enfrentar tranquilamente os testes do tempo e do progresso".[4] Ao escrever o texto *Constituição do Espiritismo*, por ele inserido na *Revue spirite* de dezembro daquele ano, 1868, declara nas *Considerações preliminares* que "a Doutrina é, sem dúvida, imperecível, porque repousa nas Leis da Natureza e porque, melhor do que qualquer outra, corresponde às legítimas aspirações dos homens". Ressalta, contudo, que:

> A sua difusão e a sua instalação definitiva podem ser adiantadas ou retardadas por circunstâncias várias, algumas das quais subordinadas à marcha geral das coisas, outras inerentes à própria Doutrina, à sua constituição e *à sua organização*.[55]

As preocupações do codificador, portanto, eram com o Movimento Espírita nascente, ainda embrionário, carente de constituição e de organização, "porque seria formado e conduzido pelos homens, dependeria da compreensão deles, do seu idealismo, do seu desprendimento, de sua capacidade de fraternização e de trabalho".[56]

Depreendemos, assim, toda a motivação que o conduziu, "sentindo esvaírem-lhe as forças físicas", a se preocupar com o futuro do Movimento Espírita.

---

55. *Ibidem*, p. 346 (grifamos).
56. FEDERAÇÃO ESPÍRITA BRASILEIRA. *Movimento Espírita*: apostila do estudo sistematizado da Doutrina Espírita. Rio de Janeiro: FEB, 1996, p. 31.

5

FUTURO DO MOVIMENTO ESPÍRITA E A VISÃO DE ALLAN KARDEC

Em 1868 Allan Kardec escreveu dois textos que foram inseridos, posteriormente, no livro *Obras póstumas*, publicado em 1890: *Projeto 1868* e *Constituição do Espiritismo* – este último inserido na *Revista espírita* de dezembro daquele ano – e, ao fazer a sua exposição de motivos sobre o referido documento, que ele chama de *um plano de organização*, declara: "O plano aqui exposto concebemo-lo há longo tempo, *porque sempre nos preocupamos com o futuro do Espiritismo*". E diz mais o codificador: "Trabalhando na parte teórica da obra, não nos descuidávamos do lado prático".[57]

Ao desencarnar, em 31 de março de 1869, Allan Kardec deixou-nos, a nosso ver, dois legados:

A Codificação do Espiritismo – que ele realizou de 1855 a 1869, representada pelas cinco obras básicas e que

---

57. KARDEC, Allan. *Obras póstumas*. 26. ed. Rio de Janeiro: FEB, 1993, p. 347 (grifamos).

Adilton Pugliese

teve a França como o país eleito para a grande missão de apresentar ao mundo o Consolador.

Um plano de trabalho para a codificação das ações do Movimento Espírita – tarefa que caberia ao Brasil continuar e complementar.

Examinando os dois textos acima citados, encontramos quatro importantes diretrizes, que confirmam a preocupação do codificador com o futuro do Espiritismo. Em 1868 ele traceja os rumos que deveria seguir o Movimento Espírita, ainda no início da difusão doutrinária. Veja-se aí a visão lúcida e inspiradora de Allan Kardec. "Quando muita gente estava no entusiasmo das primeiras impressões, já ele pensava na organização de um plano de atividades, prevendo providências práticas, a fim de que os continuadores soubessem bem conduzir a nova bandeira".[58] É toda uma atitude estratégica do codificador que tem fascinado muitos estudiosos da sua vida.

I – A manutenção da unidade doutrinária

O Espiritismo estava destinado a tornar-se – esclarece Kardec no seu Projeto de Trabalho elaborado em 1868 – "a grande alavanca da transformação da Humanidade". Portanto, enfatiza no *caput* do documento que:

> Um dos maiores obstáculos capazes de retardar a propagação da doutrina seria a falta de unidade. O único meio de evitá-la, senão quanto ao presente, pelo menos quanto ao futuro, é formulá-la

---

58. AMORIM, Deolindo; MARTINS, Celso (Org.). *Ponderações doutrinárias*. Curitiba: Federação Espírita do Estado do Paraná, 1989, p. 23.

em todas as suas partes e até nos mais mínimos detalhes, com tanta precisão e clareza, que impossível se torne qualquer interpretação divergente.[59]

Lembra que, por ter sido o ensinamento do Cristo oral e que desse ensino os apóstolos apenas transmitiram os *princípios gerais*, surgiram tantas controvérsias, achando-se hoje a Sua Doutrina mal compreendida, fato que teria sido evitado se a substância do ensino houvesse sido formulada com a precisão de uma lei ou de um regulamento. Por isso, insiste que somente o Espiritismo bem entendido e bem compreendido pode evitar a dúvida, a incredulidade, a crença cega e fanática. Propõe, então, que o Espiritismo seja assentado sobre as bases sólidas de uma doutrina positiva que nada deixe ao arbítrio das interpretações.[60]

II – A união entre os espíritas para o equilíbrio do Movimento Espírita

Seis anos após as instrutivas viagens ao interior da França, visitando os Centros Espíritas nascentes, e tendo formulado as bases fundamentais para organização dessas Sociedades, Allan Kardec escreve sobre a amplitude de ação que teria a *comissão central*, por ele idealizada no item IV do documento *Constituição do Espiritismo*. A lucidez do mestre em torno da sua missão, que sentia, naquele final de 1868, em fase conclusiva, leva-o a considerar que o trabalho da Codificação teve como primeiro período o da elaboração, quando a *direção do Espiritismo teve que*

---

59. KARDEC, Allan. *Obras póstumas*. 26. ed. Rio de Janeiro: FEB, 1993, p. 339.
60. *Ibidem*, p. 339.

ser individual, da existência de um *centro comum*, a fim de que "os elementos constitutivos da doutrina aí fossem examinados, de sorte que um só pensamento presidisse à coordenação deles, a fim de estabelecer-se a unidade no conjunto e a harmonia entre todas as partes".[61]

Concluído, portanto, este primeiro período, o da elaboração, Allan Kardec considera que a direção "tem que se tornar coletiva" e justifica essa medida com base em dois argumentos:

> Primeiramente, porque um momento há de vir em que o seu peso excederá as forças de um homem e, em segundo lugar, porque maior garantia apresenta um conjunto de indivíduos, a cada um dos quais caiba apenas um voto e *que nada podem sem o concurso mútuo [...]*.[62]

Ressalta, dessa forma:

> [...] que os centros que se acharem penetrados do verdadeiro espírito do Espiritismo deverão estender as mãos uns aos outros, fraternalmente, e unir-se para combater os inimigos comuns: a incredulidade e o fanatismo.[63]

III – O Espiritismo organizado

A visão de Allan Kardec sobre a importância dessa *comissão central*, que hoje se consolida no que é conhecido

---

61. *Ibidem*, p. 355.
62. *Ibidem*, p. 356 (grifamos).
63. *Ibidem*, p. 364.

Allan Kardec e o Centro Espírita

como Movimento Espírita, tendo como seu meio de ação a unificação, era tão intuitiva e consistente, compreendendo que seria dinamizada pelos homens e mulheres idealistas – embora a diferença de costumes, de caracteres – que ele considera a impossibilidade de uma *estandardização*, de "pretender-se que o Espiritismo chegue a estar, por toda parte organizado da mesma forma"; "que os espíritas do mundo inteiro se sujeitariam a um regime uniforme, a uma forma de proceder". E, então, prevê que, com o *Espiritismo organizado*, deve-se entender que:

> Os espíritas do mundo todo terão *princípios comuns*, que os ligarão à grande família pelo sagrado laço da fraternidade, mas cujas aplicações variarão segundo as regiões, sem que, por isso, *a unidade fundamental se rompa*.[64]

IV – Uma verdadeira administração

As perspectivas de Allan Kardec em torno dessa *comissão central* eram extremamente amplas. Ele previa que esse colegiado teria grandes atribuições, necessitando, *ipso facto, de uma verdadeira administração*,[65] e justifica essa sua assertiva declarando que "o próprio interesse do Espiritismo exige, pois, que se apreciem os *meios de ação*, para não ser forçoso parar a meio do caminho".[66]

Estabelece, então, algumas considerações para justificar essa sua preocupação, enfatizando que os membros

---

64. *Ibidem*, p. 363 (grifamos).
65. *Ibidem*, p. 372.
66. *Ibidem*, p. 372.

Adilton Pugliese

da comissão teriam "funções ativas e assíduas, e que se apenas a constituíssem homens de boa vontade os trabalhos seriam prejudicados".

Peter Drucker, famoso teórico americano em administração, nascido em 1909, autor de obras célebres sobre administração de empresas, escreveu um livro lançado no Brasil em 1994 sob o título *Administração de organizações sem fins lucrativos.*[67]

Um livro que ele escreveu para administradores de templos religiosos, de hospitais beneficentes, de organizações não governamentais, todos aqueles que não visam primordialmente ao lucro financeiro. Nas entrevistas, quando questionado a respeito do seu livro, sempre defendia que essas instituições precisam ser administradas para que possam se concentrar sobre a sua missão no seu aspecto abrangente de finalidade e funções. "As organizações sem fins lucrativos não são empresas", diz Drucker, "mas fazem algo diferente das empresas. Não têm produtos, não fornecem bens ou serviços". E faz, então, uma declaração muito profunda:

> O produto dessas organizações é um ser humano mudado. Seu produto é uma criança que aprende, um jovem que se transforma em um adulto com respeito próprio, isto é, *toda uma vida transformada*. [...] Tudo isso é uma missão, e essas sociedades precisam de administração para que possam se concentrar em suas metas.

Por isso, Allan Kardec, ao se referir à comissão central e à sua amplitude, considerando os diversos centros

---

67. DRUCKER, Peter F. *Administração de organizações sem fins lucrativos*. 1. ed. São Paulo: Pioneira, 1994.

Allan Kardec e o Centro Espírita

espíritas que se multiplicariam, exigindo orientação, enfatiza a necessidade de uma "administração previdente", a fim de que "as pessoas que forem chamadas a lhe prestar concurso não se sintam inquietas pelo futuro que as aguarde".[68]

Certamente, os *meios de ação* recomendados pelo codificador para que o Centro Espírita atinja a sua *finalidade precípua* do ensino da doutrina e da vivência cristã e as suas *funções* decorrentes, a exemplo de grupos de estudo, assistência social e espiritual, evangelização infantil, juventude espírita etc., estão nas orientações e diretrizes de conteúdo científico, filosófico e religioso exarado nas obras básicas do Espiritismo. Quanto aos *meios de ação* para consolidarmos a organização administrativa, movimentada pelos recursos humanos, materiais e financeiros, estão contidos nas inúmeras orientações fixadas por Allan Kardec, em diversas de suas obras, como veremos a seguir, também expresso na dinâmica das atividades de unificação do Movimento Espírita.

No texto do *Projeto 1868*, encontram-se delineadas as suas metas de trabalho: a definição de um *estabelecimento central*; a arquitetura preliminar do *ensino espírita* como um "curso regular de Espiritismo"; a *publicidade*, que "levaria ao mundo inteiro, até as localidades mais distantes, o conhecimento das ideias espíritas" e as *viagens*, consagradas "aos diferentes *centros e a lhes imprimir boa direção*".[69]

---

68. KARDEC, Allan. *Obras póstumas*. 26. ed. Rio de Janeiro: FEB, 1993, p. 373.
69. *Ibidem*, p. 341-342.

Em 1862 Kardec consolida a terceira etapa dessas viagens, autênticas investidas históricas em torno do trabalho de unificação do Movimento Espírita nascente e de união das sociedades e dos próprios espíritas.

Ainda em *Obras póstumas*, vamos encontrar a exposição de motivos apresentada por Kardec para justificar o documento *Constituição do Espiritismo*, em que ele declara:

– *A doutrina é, sem dúvida, imperecível, porque repousa nas Leis da Natureza e porque, melhor do que qualquer outra, corresponde às legítimas aspirações dos homens.*[70]

Mas, sabia ele também que o novel Movimento Espírita, que se alastraria no futuro, como vem acontecendo, seria formado pelos homens e dependeria da compreensão, do idealismo, do desprendimento e da capacidade de fraternização e trabalho dos homens. No livro *A Gênese*, quinta e última obra da Codificação, lançada em janeiro de 1868, no capítulo I, item 13, Kardec declararia:

– *Numa palavra, o que caracteriza a revelação espírita é ser divina a sua origem e da iniciativa dos Espíritos, sendo a sua elaboração fruto do trabalho do homem.*[71]

Encontramos, assim, nesses textos reunidos no livro *Obras póstumas* (o testamento doutrinário de Allan Kardec, segundo Herculano Pires), publicado em 1890, cuja preservação deve-se principalmente a Pierre-Gaëtan Leymarie e à Sra. Amélie Boudet, o pensamento de Allan Kardec acerca da organização e da expansão do Espiritismo.[72]

---

70. *Ibidem*, p. 346 (grifamos).
71. KARDEC, Allan. *A Gênese*. 36. ed. Rio de Janeiro: FEB, 1995, p. 20 (grifamos).
72. *Reformador*, julho 1994, p. 7.

6

DIRETRIZES KARDEQUIANAS DE ORGANIZAÇÃO DO CENTRO ESPÍRITA

Declara Herculano Pires (1914-1979) que:

> Se os espíritas soubessem o que é o Centro Espírita, quais são realmente a sua função e a sua significação, o Espiritismo seria hoje o mais importante movimento cultural da Terra".[73]

Enfatiza o escritor espírita brasileiro que Allan Kardec avaliou a importância significativa dos centros espíritas no plano da divulgação e da orientação dos grupos, explicando ser preferível a existência de vários centros pequenos e modestos numa cidade ou num bairro à de um centro grande e suntuoso.[74]

---

73. PIRES, Herculano. *O Centro Espírita*. 1. ed. São Paulo: PAIDEIA, 1980, "Introdução".
74. KARDEC, Allan. *O Livro dos Médiuns*. 69. ed. Rio de Janeiro: FEB, 2001, p. 335.

Em diversos documentos escritos pelo codificador, encontramos a formulação de suas diretrizes em torno da organização dos centros espíritas.

I – Em "O Livro dos Médiuns"

No capítulo XXIX, a partir do item 324, Allan Kardec apresenta suas considerações sobre as reuniões em geral e as sociedades propriamente ditas, entretecendo comentários acerca das rivalidades entre as sociedades. No capítulo XXX, apresenta o regulamento da Sociedade Parisiense de Estudos Espíritas (SPEE). Destacaremos alguns pontos que permanecem atuais e importantes às sociedades espíritas dos dias modernos:

> O codificador considera fundamental a existência de um *laço forte* entre os membros de uma Sociedade Espírita, laço esse que é representado pelo entendimento que todos tiverem em torno do *objetivo moral* do Espiritismo, compreendendo-o e aplicando-o, sobretudo a si mesmos. Os membros dessa sociedade, portanto, ligados por esse vínculo, são atraídos uns para os outros através da confiança mútua e da recíproca benevolência, afastando o perigo do orgulho e do egoísmo.

E declara Allan Kardec:

> Uma sociedade, onde aqueles sentimentos se achassem partilhados por todos, onde os seus componentes se reunissem com o propósito de se instruírem pelos ensinos dos Espíritos e não na expectativa de presenciarem coisas mais

Allan Kardec e o Centro Espírita

ou menos interessantes, ou para fazer cada um que a sua opinião prevaleça, *seria não só viável, mas também indissolúvel.*[75]

[...] Uma *sociedade espírita* deve, ao organizar-se, dar toda a atenção às medidas apropriadas [...]. As pequenas reuniões apenas precisam de um regulamento disciplinar, muito simples, para a boa ordem das sessões. As sociedades regularmente constituídas exigem organização mais completa. A melhor será a que tenha menos complicada a entrosagem.[76]

Se o Espiritismo, conforme foi anunciado, tem que determinar a transformação da Humanidade, claro é que esse efeito ele só poderá produzir melhorando as massas, o que se verificará gradualmente, pouco a pouco, em consequência do aperfeiçoamento dos indivíduos. Que importa crer na existência dos Espíritos, se essa crença não faz que aquele que a tem se torne melhor, mais benigno e indulgente para com os seus semelhantes, mais humilde e paciente na adversidade? De que serve ao avarento ser espírita, se continua avarento; ao orgulhoso, se se conserva cheio de si; ao invejoso, se permanece dominado pela inveja? Assim, poderiam todos os homens acreditar nas manifestações dos Espíritos e a Humanidade ficar estacionária. Tais, porém, não são os desígnios de Deus. Para o objetivo providencial, portanto, *é que devem tender todas as sociedades espíritas sérias, grupando todos os que se achem animados dos mesmos sentimentos.* Então, haverá união entre elas, simpatia, frater-

---

75. *Ibidem*, p. 430 (grifamos).
76. *Ibidem*, p. 434.

nidade, em vez de vão e pueril antagonismo, nascido do amor-próprio, mais de palavras do que de fatos; então, elas serão fortes e poderosas, porque assentarão em inabalável alicerce: o bem para todos; então, serão respeitadas e imporão silêncio à zombaria tola, porque falarão em nome da moral evangélica, que todos respeitam. [...] Convidamos, pois, todas as *sociedades espíritas* a colaborar nessa grande obra. Que de um extremo a outro do mundo elas se estendam fraternalmente as mãos e eis que terão colhido o mal em inextricáveis malhas.[77]

Deolindo Amorim (1906-1984), a quem já nos referimos neste livro, destaca que quem lê o estatuto elaborado por Allan Kardec para a SPEE, exarado em *O Livro dos Médiuns*, "nota logo, à primeira vista, que o codificador levava as coisas do Espiritismo muito a sério". E conclui:

Se, até hoje, todas as sociedades espíritas seguissem, pelo menos em parte, a orientação da *Sociedade Parisiense de Estudos Espíritas,* não haveria sessões espetaculares, com a casa cheia de curiosos, sem objetivos de iluminação espiritual.[78]

II – Na *"Revista espírita"*

Julho de 1859 – Questão da formação e funcionamento:

---

77. *Ibidem*, p. 442-443 (grifamos).
78. JORGE, José (Org.). *Relembrando Deolindo Amorim II*. 1. ed. Rio de Janeiro: CELD, 1994 p. 19

Allan Kardec e o Centro Espírita

A primeira dessas condições é a homogeneidade de princípios e da maneira de ver. Uma sociedade espírita requer outra condição – a assistência dos bons Espíritos – se quisermos obter comunicações sérias.

Sem homogeneidade não haverá comunhão de pensamentos e, portanto, não serão possíveis nem calma nem recolhimento.

Querer formar uma sociedade espírita fora destas condições seria dar provas da mais absoluta ignorância dos princípios mais elementares do Espiritismo.[79]

Outubro de 1861 – Considerações sobre a criação de novos centros espíritas:

[...] O crescente número dos espíritas em Lião mostra a utilidade do conselho que vos dei o ano passado, relativamente à formação de grupos. [...] Multiplicai os grupos o mais possível; que haja dez, que haja cem, se necessário e ficai certos de que chegareis mais rapidamente, mais seguramente.[80]

Maio de 1864 – O rótulo de Centro Espírita não garante a qualidade de suas atividades:

A Sociedade de Paris (SPEE) não pode assumir a responsabilidade dos abusos que, por ignorância ou por outras causas, possam fazer do

---

79. KARDEC, Allan. *Revista espírita de 1858 a 1869*. 1. ed. São Paulo: Edicel, 1968, p. 200-201.
80. *Ibidem*, p. 318.

Espiritismo. [...] Quando a crítica se dirige a tais abusos, não temos que a refutar, mas apenas responder: se vos désseis ao trabalho de estudar o Espiritismo, veríeis o que ele diz e não o acusaríeis daquilo que ele condena. Assim, cabe aos espíritas sinceros evitar cuidadosamente tudo quanto pudesse dar lugar a uma crítica fundada. E o conseguirão se se fecharem seguramente nos preceitos da Doutrina. Não é porque uma reunião se intitula grupo, círculo ou sociedade espírita que, necessariamente, deve ter as nossas simpatias [...].[81]

Junho de 1865 – Os adeptos sinceros:

Notemos igualmente que é nos centros realmente sérios que se fazem os mais sinceros adeptos, porque os assistentes são tocados pela boa impressão que recebem, ao passo que nos centros levianos e frívolos só se é atraído pela curiosidade, que nem sempre é satisfeita.[82]

Outubro de 1865 – Utilidade e finalidade:

As sociedades sérias e bem dirigidas são, sobretudo, úteis para neutralizar a má impressão daquelas onde o Espiritismo é mal apresentado ou é desfigurado. A Sociedade de Paris (SPEE) não faz exceção à regra, porque não se arroga nenhum monopólio. Ela não consiste no maior ou menor número de seus membros, mas na ideia-mãe

---

81. *Ibidem*, p. 143 (grifamos).
82. *Ibidem*, p. 172.

Allan Kardec e o Centro Espírita

que representa. [...] A Sociedade de Paris está em qualquer parte onde se professem os mesmos princípios, do Oriente ao Ocidente e que se morresse materialmente, a ideia sobreviveria".[83]

III – Em "Viagem espírita em 1862"

Em várias localidades solicitaram-me conselhos para a formação de grupos espíritas", declara Allan Kardec nas instruções particulares dadas aos grupos, em resposta a algumas das questões propostas, durante as viagens realizadas em 1860, 1861 e 1862. Nos discursos orientadores dos centros espíritas nascentes ele sempre enfatiza, como referencial básico, o que já estava contido nos capítulos XXIX e XXX de *O Livro dos Médiuns*, a partir de janeiro de 1861, inclusive o regulamento da Sociedade Parisiense de Estudos Espíritas, que ele apresenta "não como lei absoluta, mas unicamente para facilitar a formação de sociedades aos que as queiram fundar, os quais aí encontrarão os dispositivos que lhes pareçam convenientes e aplicáveis às circunstâncias que lhes sejam peculiares".[84]

Nas viagens que ele realizou em visita aos diferentes centros espíritas existentes em 1863, 1864, ele recebia comunicações de perto de mil centros espíritas sérios,

---

83. *Ibidem*, p. 298-299.
84. KARDEC, Allan. *O Livro dos Médiuns*. 69. ed. Rio de Janeiro: FEB, 2001, p. 444.

disseminados pelos mais diversos pontos da Terra, conforme está exarado em *O Evangelho segundo o Espiritismo*, com o objetivo de "lhes imprimir boa direção",[85] Kardec acrescenta novos conselhos para a formação de grupos e sociedades espíritas.

Primeira condição: constituir um núcleo de pessoas sérias, por mais restrito seja o seu número. Em seguida, como *segunda condição*, devem os seus membros fundadores estabelecer um *regulamento* que se tornará em lei para os novos aderentes. Recomenda a participação do sexo feminino e dos jovens nas atividades dos centros espíritas e que as Sociedades devem cumprir as formalidades legais, enfatizando que os espíritas devem ser os primeiros a dar exemplo de submissão às leis.[86]

É no final deste livro, *Viagem espírita em 1862*, que Allan Kardec insere o *Projeto de Regulamento – para uso de Grupos e pequenas Sociedades Espíritas*, "proposto pela Sociedade Central de Paris (refere-se à SPEE), tendo em vista manter a unidade de princípios e de ação". Destacamos o texto do Artigo 4:

> Todos os membros devem-se reciprocamente benevolência e cortesia; em todas as circunstâncias colocarão o interesse geral acima das questões de caráter pessoal ou de amor-próprio e agirão, uns para com os outros, segundo os princípios da caridade.[87]

---

85. KARDEC, Allan. *Obras póstumas*. 26. ed. Rio de Janeiro: FEB, 1993, p. 342.

86. KARDEC, Allan. *Viagem espírita em 1862*. 2. ed. Matão: O Clarim, 1968, p. 138 a 143.

87. *Ibidem*, p. 148-149.

Allan Kardec e o Centro Espírita

IV – O princípio vital das sociedades espíritas

"Quando os homens forem bons,
organizarão boas instituições."
(Allan Kardec)

Sem *homogeneidade*, não há *união simpática* entre os sócios, não há relações afetuosas; sem união não há *estabilidade*; sem estabilidade não há calma; sem calma não há trabalho sério; de onde concluímos que a homogeneidade é o *princípio vital* de toda sociedade ou reunião espírita.[88]

V – Fator de desequilíbrio do Centro Espírita

Todas às vezes, pois, que, num grupo, um dos seus componentes cai na armadilha, cumpre se proclame que há no campo um inimigo, um lobo no redil, e que todos se ponham em guarda, visto ser mais que provável a multiplicação de suas tentativas. Se enérgica resistência o não levar ao desânimo, a obsessão se tornará mal contagioso que se manifestará nos médiuns, pela perturbação da mediunidade, e nos outros pela *hostilidade dos sentimentos*, pela *perversão do senso moral* e pela *turbação da harmonia*. Como a caridade é o mais forte antídoto desse veneno, o sentimento da caridade é o que eles mais procuram abafar.[89]

---

88. KARDEC, Allan. *Revista espírita de 1858 a 1869*. 1. ed. São Paulo: Edicel, 1968, p. 185 (grifamos).
89. KARDEC, Allan. *O Livro dos Médiuns*. 69. ed. Rio de Janeiro: FEB, 2001, p. 435 (grifamos).

VI – O essencial para o equilíbrio do Centro Espírita

[...] As condições mais favoráveis para uma sociedade que aspira a granjear a simpatia dos bons Espíritos e a só obter boas comunicações, afastando as más. Estas condições se contêm todas nas *disposições morais* dos assistentes e se resumem nos pontos seguintes:[90]

- Perfeita comunhão de vistas e de sentimentos.
- Cordialidade recíproca entre todos os membros.
- Ausência de todo sentimento contrário à verdadeira caridade cristã.
- Um único desejo: o de se instruírem e melhorarem por meio dos ensinos dos Espíritos e do aproveitamento de seus conselhos. [...]
- "As reuniões verdadeiramente sérias, como as que já se realizam em diversas localidades se multiplicarão e não hesitamos em dizer que a elas é que o Espiritismo será devedor da sua mais ampla propagação".[91]

---

90. *Ibidem* (grifamos).
91. *Ibidem*, p. 436.

7

O CENTRO ESPÍRITA NO BRASIL

Entretanto, quando se organizavam os roteiros para o advento do *Consolador na Terra*, mediante a Doutrina Espírita, os abnegados e sábios mentores da França foram informados de que ali se iniciaria o programa, que, todavia, se iria fixar, por algum tempo, em outro país, de onde se dilataria, abraçando todo o planeta ao largo dos séculos...

O Brasil, porque destituído de débitos coletivos mais graves, houvera sido escolhido para esse segundo período da realização e crescimento espiritista.

Não seja, pois, de estranhar-se a *predestinação* do Brasil para o labor espírita nem a sua aceitação ampla e profunda por todos os segmentos da sua sociedade desde o princípio, salvadas raras exceções.

(Victor Hugo/Divaldo Franco)

I – A Federação Espírita Brasileira (FEB) – 1884

> [...] Esta Casa de Amor estabeleceu, na tríade sublime – Deus, Cristo e Caridade – as expressões santificantes da Revelação Moisaica, da Revelação Cristã e da Revelação Espírita, em um só traço de união, para que o mundo possa ser feliz.[92]

A continuidade da trilha deixada por Allan Kardec, após a sua desencarnação, tem início em 2 de janeiro de 1884, com a fundação da Federação Espírita Brasileira (FEB).

Foi um marco importante para o Movimento Espírita que surgia, cuja iniciativa coube a dedicado trabalhador da causa espírita, Augusto Elias da Silva, que, antes, em 21 de janeiro de 1883, havia lançado a revista *Reformador*, que posteriormente passou a ser o periódico doutrinário da FEB.

São notáveis os esforços de todos aqueles que presidiram essa centenária instituição nesses últimos 120 anos. Destacamos, contudo, a ação do Dr. Bezerra de Menezes, seu presidente por duas gestões, e daqueles que o sucederam, no sentido de unificação de todas as entidades espíritas, sob os ideais de fraternidade e de união recomendados por Allan Kardec.

A história da FEB é toda uma epopeia de feitos heroicos, "na nobre tarefa de promover e realizar o estudo, a divulgação e a prática da Doutrina Espírita", desenvolvendo, igualmente, o trabalho de união dos espíritas e de unificação do Movimento Espírita.

---

92. FRANCO, Divaldo Pereira; MENEZES, Bezerra de [Espírito]. *Compromissos iluminativos*. 1. ed. Salvador: LEAL Editora, 1991, p. 104.

Allan Kardec e o Centro Espírita

II – Bases de Organização Espírita – 1904

Em 1º de novembro de 1904, um documento é considerado a primeira iniciativa para consolidar a unificação do Movimento Espírita: *Bases de Organização Espírita*.

Permitam-me um destaque: Allan Kardec codificou a Doutrina em 13 anos e 10 meses, se considerarmos maio de 1855 o ponto de partida, quando ele, na casa da Sra. Plainemaison, presenciou pela primeira vez o fenômeno das mesas girantes, até 31 de março de 1869, quando desencarnou. Escreveu cinco obras básicas e outras complementares e doze volumes da *Revista espírita*.

Com relação à *Codificação do Movimento Espírita*, a FEB vem, há 100 anos, a partir do documento *Bases de Organização Espírita*, realizando um grande esforço para oferecer diretrizes seguras para a dinâmica das atividades dos centros espíritas, já prevendo, esse documento, a criação de uma entidade estadual, em cada capital brasileira incumbida de agregar todas as instituições espíritas da unidade federada. A atribuição básica desse órgão unificador, comunicando-se com as demais instituições dos estados brasileiros e com a FEB, é a de manter a harmonia do Movimento Espírita, garantindo sua unidade e, em consequência, a expansão segura do Espiritismo.

Após a assinatura do *Pacto Áureo*, em 1949, entre a FEB e as entidades federativas estaduais, donde surge o Conselho Federativo Nacional (CFN), diversos simpósios são promovidos pelo novo órgão:

> [...] destinados a analisar e a oferecer orientações básicas de ação para as diversas áreas de atividades do Movimento Espírita, tendo por

diretriz a Doutrina Espírita contida nas obras básicas de Allan Kardec, que constituem a Codificação Espírita.[93]

Posteriormente, com a instalação dos Conselhos Zonais, na década de 1970, depois transformados em comissões regionais – Norte, Nordeste, Centro e Sul –, foi intensificada a troca de informações e experiências, num trabalho solidário e fraterno para consolidar a execução das tarefas federativas de apoio aos centros espíritas. Desses encontros resultou a elaboração de documentos que estabeleceram as diretrizes de trabalho federativo e da unificação do Movimento Espírita, os quais hoje norteiam suas tarefas operacionais, podendo ser destacados:[94]

> *A Adequação do Centro Espírita para o melhor Atendimento de suas Finalidades* – Aprovado em outubro de 1977, que esclarece como entender um Centro Espírita (o que é e quais os seus objetivos) e o que, basicamente, cabe a ele realizar.
> *Orientação ao Centro Espírita* – aprovado pelo CFN em julho de 1980, que objetiva colaborar com os centros espíritas, oferecendo sugestões de como executar suas tarefas, de conformidade com as recomendações aprovadas no documento anterior.
> *Diretrizes da Dinamização das Atividades Espíritas* – aprovado em novembro de 1983, o qual destaca a importância do trabalho de unificação para a difusão da Doutrina Espírita, dentre outras recomendações.

---

93. *Reformador*, suplemento, outubro de 2001.
94. *Ibidem.*

Allan Kardec e o Centro Espírita

No Brasil, com base na força inspiradora desse centenário documento, um dos instrumentos da unificação é o *sistema federativo*, que integra e interliga todas as instituições espíritas. Nos estados, o sistema se expressa pela presença dos órgãos federativos estaduais que, por sua vez, têm representação no CFN, com sede em Brasília, junto à FEB.

O federativismo é uma necessidade que todo espírita sente. Com ele, o movimento cresce, ganha força e expressão como instituição. O Centro Espírita, isolado, terá maiores dificuldades. E, para que ele se integre no órgão federativo, fortalecendo o sistema, não será necessário perder a sua individualidade ou autonomia como entidade.

III – Federativismo: reflexões filosóficas e históricas

Pelo seu valor doutrinário e esclarecedor, transcrevemos, abaixo, parte de artigo (sem assinatura) publicado há alguns anos, no Jornal Bahia Espírita, órgão de divulgação da Federação Espírita do Estado da Bahia (FEEB):

> Por que federativismo?
>
> Quando se indaga dessa maneira, o espírita descobre que uma das marcas da evolução é a união social, onde se superam dificuldades, complementam-se as faculdades, enriquecem-se possibilidades de realização. Válida para indivíduos, tal afirmativa também se aplica a grupos de pessoas organizadas em sociedades que, em tal situação, conjugam esforços e transcendem seus próprios limites de realização. Repete-se, assim, a antiga parábola das varas:

isoladas eram facilmente destruídas, mas, ao se constituírem em um *feixe*, tornavam-se difíceis de serem quebradas. E o que é *federativismo*, no âmbito do Movimento Espírita, senão a aspiração de superarmos nossas próprias limitações através de uma expressão mais rica e integradora de nossas práticas de crescimento espiritual?

Considerações evolucionistas – Uma análise mais detalhada do fenômeno evolutivo mostrar-nos-á, de imediato, a importância dos processos de integração no movimento geral de ascensão da vida. Basta recordarmos que o encadeamento em a Natureza, do átomo ao arcanjo, a que se refere Allan Kardec (pergunta 540 de *O Livro dos Espíritos*), entendidas hoje como síntese da concepção evolucionista da matéria para o Espírito, se faz pela agregação de unidades que dão nascimento a uma nova individuação ou "ser" com propriedades e competências inteiramente novas. Assim, os átomos são agregados de prótons, neutros, elétrons e, por sua vez, formadores de moléculas; estas constroem as células; depois sucedem-se tecidos, órgãos, organismos. Depreende-se da observação que o fenômeno evolutivo se dá por unificação que ultrapassa a mera soma de partes, em verdadeiras criações de algo novo através de simbioses, interações, sinergias etc.

No plano social o fenômeno se repete: indivíduos geram a família; seguem-se comunidades, associações, cidades, nações até o macro-organismo chamado Humanidade, ainda em fase de maturação.

Allan Kardec e o Centro Espírita

Validado esse modelo de construção evolutiva, nos domínios físico, biológico e social, podemos supor que sua abrangência de aplicabilidade inclua as dimensões insuspeitadas do Espírito, imaginando que nosso futuro é a unificação de todos os seres num organismo especial chamado *Criação Cósmica* que finalmente se integraria no Criador aplicando uma vez mais a máxima evangélica: "Eu e o Pai somos um".

Tal modelo evolucionista pode ser encarado como a face observável ou fenômeno da Lei do Amor que aparece como união de qualidades através do magnetismo planetário, da afinidade química, da adoração a Deus, reflexo do psiquismo em marcha ascensional que faz acontecer as agregações como passo essencial evolutivo.

A proposta federativista se insere nesse contexto como mais um fenômeno unificador e criativo, tendo como unidade-base o *Centro Espírita* e o novo organismo resultante, a Federação Espírita. Não se confunde, portanto, com projetos hegemônicos de pessoas ou Instituições, pois seu fundamento é o colaboracionismo, a simbiose, como expressões atuantes da Lei do Amor. Cada um com suas possibilidades elabora suas formas de ação, aplica princípios universais conforme a maturidade espiritual do local e simultaneamente interage com outros centros, aprendendo a ensinando na riqueza dos contatos cognitivos e afetivos (grifamos).

IV – O Pacto Áureo – 1949

Quarenta e cinco anos após a elaboração e divulgação de *Bases de Organização Espírita*, em 5 de outubro de 1949, outra iniciativa do Movimento Espírita Brasileiro viria renovar e fortalecer esses mesmos propósitos das bases da organização espírita, na Grande Conferência Espírita do Rio de Janeiro, quando foi selado o acordo que ficou conhecido como *Pacto Áureo*. A imediata propagação dos ideais da unificação teve efeito em janeiro de 1950, com a instalação do CFN e, em seguida, em outubro do mesmo ano, da Caravana da Fraternidade, cuja marcha teve início em Salvador e prosseguiu por outros estados brasileiros.

Na Bahia, que tem nos seus anais o pioneirismo da instalação, em 17 de setembro de 1865, do Grupo Familiar do Espiritismo, primeiro Centro Espírita do Brasil, e do surgimento da imprensa espírita brasileira, em julho de 1869, com o jornal *O Écho d'Além-Tumulo*, fundado por Luiz Olympio Telles de Menezes (1825-1893), os sinais preliminares das atividades unificadoras constam do estatuto da antiga União Espírita Baiana, desde 25 de dezembro de 1915, data de sua fundação, que previa, no capítulo I:

> *[...] constituir-se entre as associações espíritas do estado o laço de união e solidariedade, integrando-as ao mesmo tempo no movimento de organização espírita do Brasil e de todo o planeta, segundo o plano da Federação Espírita Brasileira* (grifamos).

Esses eram os primeiros momentos federativos vividos pelos espíritas baianos, confirmados, mais tarde, com o *Acordo de Unificação do Movimento Espírita*, aprovado em setembro de 1972, e assinado na sessão de encerramento do III Congresso Espírita Estadual, em 30 de outubro de 1972. Esses atos culminariam, posteriormente, com a criação da Federação Espírita do Estado da Bahia (FEEB), em 11 de fevereiro de 1973. São 89 anos, desde 1915, de perseverantes investimentos no ideal unificacionista, sobretudo através do modelo do federativismo, que é um fenômeno *unificador* e *criativo,* tendo como unidade-base o Centro Espírita.

PACTO ÁUREO

Século XIX. A Terceira Revelação desponta.
Cumpre-se, finalmente, a promessa do Cristo,
O *Consolador* novos rumos aponta,
O mundo vive um momento jamais visto.

De Hydesville invadem então as nações,
Fenômenos que os Espíritos promovem,
Provocando estudos, e indagações
Em torno das mesas que se movem.

Na França, a Codificação em andamento,
Kardec prevê a *unificação do movimento*
Para evitar, no futuro, o cisma, o páreo.

Depois, no Brasil, em grande conferência,
Inspirada pela Divina Providência,
É assinado o acordo do *Pacto Áureo*!

V – O Conselho Federativo Nacional (CFN) – 1950

O CFN da FEB foi criado a partir da assinatura do *Pacto Áureo*, em 5 de outubro de 1949, que previu, no item 2 da ata da reunião entre os diretores da FEB e os representantes de várias federações e uniões de âmbito estadual, a criação desse órgão federativo, em caráter permanente, com a finalidade de executar, desenvolver e ampliar os planos da organização federativa dinamizada pela FEB.

Quando das comemorações do cinquentenário do *Pacto Áureo*, em 1999, o CFN, reunido em sua sede, em Brasília, nos dias 13 a 15 daquele ano, esclarece as diversas diretrizes doutrinárias que norteiam as atividades desse órgão, publicando uma mensagem ao Movimento Espírita Brasileiro, em que destaca que essas diretrizes, que norteiam:

> [...] o trabalho de união da família espírita e de unificação do Movimento Espírita, caracterizada pela prática da fraternidade, da liberdade e da responsabilidade, estende-se a todas as instituições espíritas que integram as entidades federativas estaduais e as entidades especializadas de âmbito nacional (Associação Brasileira de Divulgadores do Espiritismo – Abrade; Cruzadas dos Militares Espíritas – CME; Instituto de Cultura Espírita do Brasil – Iceb; e Associação Brasileira dos Magistrados Espíritas – Abrame), que compõem o CFN.[95]

---

95. *Reformador*, suplemento, dezembro de 1999.

Allan Kardec e o Centro Espírita

É a valorização da importância dos centros espíritas, como células-base de dinamização do Movimento Espírita.

VI – As comissões regionais

Após a valiosa experiência dos conselhos zonais, criados em outubro de 1970, quinze anos depois, em novembro de 1985, o CFN transforma-os em comissões regionais – Norte, Nordeste, Centro e Sul – instaladas a partir de 1986, "que passaram a se reunir anualmente e a proporcionar às entidades federativas de cada região a oportunidade de trocarem informações e experiências".[96]

Entre os objetivos das comissões regionais está assessorar as federativas estaduais, quando solicitadas, na estruturação dos órgãos destinados a coordenar as suas atividades doutrinárias, assistenciais e administrativas, bem como na promoção de reuniões, encontros e cursos, destinados a dirigentes e trabalhadores das casas espíritas.

O êxito dessa experiência vem sendo demonstrado no desdobramento do trabalho das comissões em várias áreas ligadas às atividades fundamentais dos centros espíritas, tais como: atividade mediúnica e atendimento espiritual no Centro Espírita; comunicação social espírita; estudo sistematizado da Doutrina Espírita; infância e juventude; e serviço de assistência e promoção social espírita.

---

96. *Ibidem.*

VII – O Congresso Espírita Mundial de Liège – 1990

Durante a realização do Congresso Espírita Mundial, realizado em Liège, Bélgica, no período de 2 a 5 de novembro de 1990, a FEB teve a oportunidade de apresentar *Alguns apontamentos sobre as atividades de Unificação do Movimento Espírita no Brasil*, documento que constou de *Reformador* de março de 1991. A partir desse relatório podemos fazer algumas distinções básicas.

DOUTRINA ESPÍRITA

É o conjunto de princípios básicos codificados por Allan Kardec, que constituem o Espiritismo, obra dos Espíritos superiores, cuja tarefa de sistematização coube a Allan Kardec, que executou a parte humana do trabalho.

MOVIMENTO ESPÍRITA

É o conjunto de atividades desenvolvidas organizadamente pelos espíritas, para pôr em prática a Doutrina Espírita, através das instituições, dos encontros, congressos, palestras, livros etc.

O QUE CARACTERIZA A DOUTRINA

Os seus postulados fundamentais: a existência de Deus, a Lei da Reencarnação, a Lei de Causa e Efeito, a comunicabilidade dos Espíritos, a pluralidade dos mundos habitados, a evolução etc. e suas características: providencial, científica, universal, coletiva, progressiva, racional, doutrinária, informativa e consoladora.

O QUE DEFINE O MOVIMENTO ESPÍRITA

A *unificação*, que é uma *atividade-meio* cujo objetivo é fortalecer e facilitar a ação do Movimento Espírita na sua atividade-fim de promover o estudo, a difusão e a prática da doutrina.

Há todo um secular *esforço heroico* em torno da unificação do Movimento Espírita, que deve ser estudado e utilizado como paradigma por todos aqueles que laboram nas casas espíritas. Espíritos que se movimentaram ao redor desse ideal, a exemplo de Bezerra de Menezes, José Petitinga, Manoel Philomeno de Miranda e tantos outros, continuam a estimular e dinamizar renovadas ações para a consolidação do movimento. Eles, por certo, conhecem a substância motivadora da antiga Parábola das Varas: "Isoladas, podem ser facilmente destruídas, mas, ao se constituírem em feixe, tornam-se difíceis de serem quebradas".

Ao escrever o capítulo VI das conclusões de *O Livro dos Espíritos*, Kardec enfatiza que a força do Espiritismo "está na sua filosofia, no apelo que dirige à razão, ao bom senso".[97]

E, então, podemos perguntar: onde está a força do Movimento Espírita? Certamente está na união dos espíritas, consignada em oportuno e comovente apelo de Bezerra de Menezes através da psicofonia do médium Divaldo Franco, exarada em mensagem publicada em *Reformador* de fevereiro de 1976: "Unificação, sim. União, também. Imprescindível que nos unifiquemos

---

97. KARDEC, Allan. *O Livro dos Espíritos*. 76. ed. Rio de Janeiro: FEB, 1995, p. 484.

no ideal espírita, mas que, acima de tudo, nos unamos como irmãos".

Em *Obras póstumas,* ao escrever as *Considerações preliminares* da *Constituição do Espiritismo,* Allan Kardec declara: "A *unificação* tinha que ser obra do tempo e se efetuou gradualmente à medida que os princípios se foram elucidando".[98]

Nos dias modernos, o pensamento do Espírito Bezerra de Menezes confirma e dá continuidade a esse entendimento do Codificador, ao declarar:

> O serviço da unificação em nossas fileiras é urgente mas não apressado. Uma afirmativa parece destruir a outra. Mas não é assim. É urgente porque define o objetivo a que devemos todos visar; mas não apressado, porquanto não nos compete violentar consciência alguma.[99]

Por sua vez, a FEB, pugnando, incansavelmente, pelos ideais unificacionistas, estabeleceu as *vantagens* e a *consequência* das casas espíritas e de seus trabalhadores em estar integrados nessa dinâmica, exaradas no opúsculo *Orientação ao Centro Espírita:*[100]

---

98. KARDEC, Allan. *Obras póstumas.* 26. ed. Rio de Janeiro: FEB, 1993, p. 345 (grifamos).
99. MENEZES, Bezerra de [Espírito]. XAVIER, Francisco Cândido. *In*: *Reformador,* dezembro de 1975.
100. FEDERAÇÃO ESPÍRITA BRASILEIRA. *Orientação ao Centro Espírita.* 5. ed. Rio de Janeiro: FEB, 1999, p. 69.

Vantagens da integração do Centro Espírita nas atividades de unificação do Movimento Espírita

- Aproximar os espíritas para que melhor se conheçam e mais se confraternizem.

- Tornar estável, homogêneo e eficaz o Movimento Espírita. "Dez homens unidos por um pensamento comum são mais fortes do que cem que não se entendem".[101]

- Trocar experiências e conhecimentos em todos os aspectos do Movimento Espírita.

- Aperfeiçoar progressivamente todos os setores das atividades espíritas.

- Tornar o Movimento Espírita uma força social cada vez mais útil e mais eficiente para a evolução humana, no sentido espiritualista e fraterno.

- Concorrer eficientemente para o desaparecimento do personalismo individual ou de grupos no meio espírita, facilitando o desenvolvimento da humildade e da renúncia tão necessárias para a estabilidade dos trabalhos coletivos e para a vivência da felicidade permanente.

- Garantir a independência do Movimento Espírita e sua autossuficiência em todos

---

101. KARDEC, Allan. *Obras póstumas*. 26. ed. Rio de Janeiro: FEB, 1993, p. 382.

os seus setores de atividade, em qualquer época e em qualquer circunstância.

- Preservar, com segurança, a pureza da Doutrina Espírita e dar cabal desempenho às finalidades da Terceira Revelação.

- Afinar o Movimento Espírita para uma sintonia cada vez mais perfeita com as forças espirituais que dirigem o planeta e, em particular, o próprio Movimento Espírita.

- Fortalecer o Movimento Espírita, de forma consciente e permanente, para que possa superar os naturais obstáculos à difusão da Doutrina Espírita.

Consequências da integração do Centro Espírita nas atividades de unificação do Movimento Espírita

- Beneficia-se das experiências, atividades e realizações das demais Instituições Espíritas.

- Colabora com o desenvolvimento das demais instituições, direta ou indiretamente.

- Contribui para uma definição do Movimento Espírita perante as demais correntes religiosas, a opinião pública e os poderes constituídos.

Allan Kardec e o Centro Espírita

VIII – O Conselho Espírita Internacional (CEI) – 1992

"O Espiritismo não tem nacionalidade."[102]

Constituído em 28 de novembro de 1992, o CEI é o organismo resultante da união, em âmbito mundial, das associações representantes dos movimentos espíritas nacionais.

Finalidades essenciais e objetivos do CEI:

I – Promover a união solidária das instituições espíritas de todos os países e a unificação do Movimento Espírita Mundial.
II – Promover o estudo e a difusão da Doutrina Espírita em seus três aspectos básicos: científico, filosófico e religioso.
III – Promover a prática da caridade espiritual, moral e material, à luz da Doutrina Espírita.

O CEI vem reunindo-se anualmente, em rodízio entre os países que o integram, quando suas coordenadorias discutem com a comissão executiva e representantes dos países-membros assuntos pertinentes, a exemplo das Coordenadorias de Apoio ao Movimento Espírita da Europa, da América do Norte, da América Central e da América do Sul, além de abordagens sobre a Língua Neutra Internacional Esperanto e sua aplicação nas atividades do CEI.

---

102. KARDEC, Allan. *O Evangelho segundo o Espiritismo*. 118. ed. Brasília: FEB, 2001, p. 29.

8

AS DIRETRIZES DA FEDERAÇÃO ESPÍRITA BRASILEIRA ORIENTADORAS DO CENTRO ESPÍRITA

Em reunião do Conselho Federativo Nacional (CFN) em 1977 foram aprovadas as diretrizes abaixo, objetivando "a adequação do Centro Espírita para melhor atendimento de suas finalidades". O documento reconhece, dentre outros considerandos, que "o Centro Espírita, na condição de uma sociedade civil, deve organizar-se não apenas para desenvolver com eficiência as suas atividades básicas, mas também para cumprir as suas obrigações legais".

Estabelece, então, quatro pilares fundamentais de ações operativas, cuja dinâmica possibilite permuta de experiências e aprimoramento, reconhecendo, preliminarmente, que "a vivência do Evangelho de Jesus Cristo é o objetivo a ser atingido pela Humanidade".[103]

---

103. FEDERAÇÃO ESPÍRITA BRASILEIRA. *Orientação ao Centro Espírita*. 5. ed. Rio de Janeiro: FEB, 1999, p. 13 e ss.

I – Atividades básicas

A – promover, com vistas ao aprimoramento íntimo de seus frequentadores, o estudo metódico e sistemático e a explanação:
1 – da Doutrina Espírita no seu tríplice aspecto – científico, filosófico e religioso –, consubstanciada na Codificação Kardequiana;
2 – do Evangelho, segundo a Doutrina Espírita.
B – promover a evangelização da criança, à luz da Doutrina Espírita;
C – incentivar e orientar o jovem para o estudo e a prática da Doutrina Espírita e favorecer-lhe a integração nas tarefas do Centro Espírita;
D – promover a divulgação da Doutrina Espírita, também através do livro;
E – promover o estudo da mediunidade, visando oferecer orientação segura para as atividades mediúnicas;
F – realizar atividades de assistência espiritual, mediante a utilização dos recursos oferecidos pela Doutrina Espírita, inclusive reuniões mediúnicas privativas de desobsessão;
G – manter um trabalho de atendimento fraterno, através do diálogo, com orientação e esclarecimento às pessoas que buscam o Centro Espírita;
H – promover o serviço assistencial social espírita, assegurando suas características beneficentes, preventivas e promocionais, conjugando a ajuda material e espiritual, fazendo com que este serviço se

desenvolva concomitantemente com o atendimento às necessidades de evangelização;

I – incentivar e orientar a instituição do Estudo do Evangelho no Lar.

II – Atividades administrativas

A – manter organização própria, segundo as normas legais vigentes, compatível com a maior ou menor complexidade de cada centro e estruturada de modo a atender às finalidades do Movimento Espírita;

B – estabelecer metas para o Centro Espírita em suas diversas áreas de atividades, planejando periodicamente suas tarefas e avaliando seus resultados;

C – facilitar a efetiva participação dos frequentadores nas atividades do Centro Espírita;

D – estimular o processo de trabalho em equipe;

E – dotar o Centro Espírita de locais e ambientes adequados, de modo a atender, em primeiro lugar, às atividades prioritárias;

F – zelar para que as atividades exercidas em função do Movimento Espírita sejam gratuitas, vedada qualquer espécie de remuneração;

G – não envolver o Centro Espírita em quaisquer atividades incompatíveis com a Doutrina Espírita;

H – aceitar somente os auxílios, doações, contribuições e subvenções, bem como firmar convênios, de qualquer natureza e procedência, desvinculados de quaisquer compromissos que desfigurem o caráter espírita da instituição ou que impeçam o normal desenvolvimento de suas atividades, em prejuízo das finalidades doutrinárias, preservando, assim, a total independência administrativa da entidade.

III – Atividades de comunicação

A – promover a difusão do livro espírita;

B – utilizar os meios de comunicação – inclusive jornais, revistas, boletins informativos e volantes de mensagens, rádio e televisão – na difusão da Doutrina Espírita e do Evangelho, de maneira condizente com os seus princípios;

C – incentivar o estudo e a divulgação do Esperanto como instrumento neutro de fraternidade entre os homens e povos do mundo.

IV – Atividades de unificação

A – participar efetivamente das atividades do movimento de unificação;

B – conjugar esforços e somar experiências com as demais instituições espíritas de uma mesma localidade ou região, de modo a evitar paralelismo ou duplicidade de realização.

9

O PENSAMENTO DE VULTOS DO MOVIMENTO ESPÍRITA SOBRE O CENTRO ESPÍRITA

Chico Xavier:

Pergunta: Os centros espíritas sofrem sempre uma diversificação de funções, conforme sua especialização. De um modo geral, como ser estruturado o serviço de uma Casa Espírita?

Resposta: Estamos certos de que Instituições que estabelecem diretrizes, tão exatas quanto possível, para atividades espíritas é uma necessidade e devemos prestigiar, igualmente, o quanto possível, as Instituições que já existem. Isso, no entanto, não nos dá a ideia de que todos os grupos devam fazer o mesmo que outro, porquanto cada núcleo espírita se caracteriza por funções especiais. E essa diversificação é compreensível, porque sendo a Casa

Espírita um instituto de instrução e socorro, cada agrupamento ministrará aos necessitados os benefícios que se lhe façam possível. Acreditamos que toda contribuição espírita apresenta não apenas finalidades culturais, mas também terapêuticas do ponto de vista da saúde do Espírito, o que impele cada núcleo doutrinário a trabalho característico.[104]

Divaldo Pereira Franco:

O Centro Espírita é a cátedra da sabedoria universal.
A missão do Centro Espírita: transformar-se na célula viva da comunidade onde se encontra, criando uma mentalidade fraternal e espiritual das mais relevantes, porque será escola e *santuário*, hospital e lar, onde as almas encarnadas e desencarnadas encontrarão *diretrizes para uma vida feliz* e, ao mesmo tempo, o alimento para sobreviver aos choques do mundo exterior.[105]

---

104. XAVIER, Francisco Cândido. *In: Lições de sabedoria*. 1. ed. Rio de Janeiro: FEB Editora, 1996, p. 56.
105. FRANCO, Divaldo Pereira. *Diálogo com dirigentes e trabalhadores espíritas*. 2. ed. São Paulo: USE, 1993, p. 23.

Juvanir Borges de Souza:

> Libertar consciências e consolar corações, eis dois dos mais belos atributos da Doutrina Espírita, que compete à Casa Espírita exercitar sempre.[106]

Gerson Simões Monteiro:

> "Os objetivos maiores da Instituição Espírita no Terceiro Milênio são o da educação e reeducação do homem e o de divulgar o Espiritismo por todos os meios idôneos disponíveis e ao seu alcance, no sentido de alavancar o progresso moral do homem, de tal forma que possa ele acompanhar o progresso da Terra nessa Era, em que ela será elevada da categoria de planeta de expiações e provas à categoria de mundo regenerado".[107]

Humberto Mariotti – *Os ideais espíritas na sociedade moderna* (*Los ideales espíritas en la sociedad moderna*, suplemento-livro de "La Idea", 1965), de autoria do espírita argentino Humberto Mariotti, nascido em 11 de junho de 1905, em Zárate, província de Buenos Aires, tendo desencarnado em 17 de maio de 1982, aos 76 anos:

---

106. *Reformador*, julho de 1992.
107. *Reformador*, março de 2001, p. 15.

[...] Os centros espíritas representam na sociedade moderna focos de ideal em sua mais elevada acepção. Eles deverão ressoar sincronicamente com a harmonia de elevados mundos espirituais por meio do saber, do trabalho e da beleza. Um Centro Espírita desvinculado dessa superior harmonia não poderá ser depositário das verdades da escola espiritista, nem cumprirá com as duas grandes missões que lhe correspondem: *espiritualizar e evangelizar a criatura humanada encarnada por meio do ideal.*

10

O PENSAMENTO DOS ESPÍRITOS SOBRE O CENTRO ESPÍRITA

Emmanuel:

O Centro de Espiritismo evangélico, por mais humilde, é sempre santuário de renovação mental na direção da vida superior.

Nenhum de nós que serve, embora com a simples presença, a uma instituição dessa natureza, deve esquecer a dignidade do encargo recebido e a elevação do sacerdócio que nos cabe.

Nesse sentido, é sempre lastimável duvidar da essência divina da nossa tarefa.

O ensejo de conhecer, iluminar, contribuir, criar e auxiliar, que uma organização, nesses moldes nos faculta, procede invariavelmente de algum ato de amor ou de alguma sementeira de simpatia que nosso Espírito, ainda não burilado, deixou a distância, no pretérito escuro que até agora não resgatamos de todo.

Um Centro Espírita é uma escola onde podemos aprender e ensinar, plantar o bem e recolher-lhe as graças, aprimorar-nos e aperfeiçoar os outros, na senda eterna.

Quando se abrem as portas de um templo espírita cristão ou de um santuário doméstico, dedicado ao culto do Evangelho, uma luz divina acende-se nas trevas da ignorância humana e através dos raios benfazejos desse astro de fraternidade e conhecimento, que brilha para o bem da comunidade, os homens que dele se avizinham, ainda que não desejem, caminham, sem perceber, para a vida melhor.[108]

Bezerra de Menezes:

Um Centro Espírita onde as vibrações dos seus frequentadores, encarnados ou desencarnados, irradiem de mentes respeitosas, de corações fervorosos, de aspirações elevadas; onde a palavra emitida jamais se desloque para futilidades e depreciações; onde, em vez do gargalhar divertido, se pratique a prece; em vez do estrépito de aclamações e louvores indébitos se emitam forças telepáticas à procura de inspirações felizes; e ainda onde, em vez de cerimônias ou passatempos mundanos, cogite o adepto da comunhão mental com os seus mortos amados ou os seus guias espirituais, um Centro assim, fiel observador dos dispositivos recomendados de início pelos organizadores da filosofia espírita, será detentor da confiança da Espiritualidade esclarecida, a qual o

---

108. Mensagem psicografada por Francisco Cândido Xavier, transcrita de *Reformador*, julho de 1992, p. 197.

elevará à dependência de organizações modelares do Espaço, realizando-se, então, em seus recintos, sublimes empreendimentos, que honrarão os seus dirigentes dos dois planos da Vida. Somente esses, portanto, serão registrados no Além-túmulo como casas beneficentes, ou templos do amor e da fraternidade, abalizados para as melindrosas experiências espíritas, porque os demais, ou seja, aqueles que se desviam para normas ou práticas extravagantes ou inapropriadas, serão, no espaço, considerados meros clubes onde se aglomeram aprendizes do Espiritismo em horas de lazer.[109]

Vianna de Carvalho:

O Centro Espírita é campo de luz aberto a todos aqueles que tateiam nas trevas da ignorância, da presunção e do egoísmo, apontando rumos de libertação.

Atualizá-lo, sem lhe modificar os objetivos básicos; desenvolver as suas atividades, sem lhe alterar as estruturas ético-morais; qualificá-lo para os grandes momentos da hora presente como do futuro é dever de todos os espíritas, preservando as bases doutrinárias que nele devem viger: amor e estudo, ação da caridade, fora da qual não há salvação, assim confirmando a promessa do *Consolador*, feita por Jesus, que abriria os braços para albergar, confortar e libertar todos aqueles que o busquem.[110]

---

109. PEREIRA, Yvonne A. *Dramas da obsessão*. 7. ed. Rio de Janeiro: FEB, 1991, p. 146-147.

110. Psicografia do médium Divaldo Pereira Franco, transcrita de *Reformador*, outubro de 1995, p. 297.

Manoel Philomeno de Miranda:

[...] Alguns afirmam a necessidade de cerrar-se as portas das Sociedades Espíritas, nos primeiros meses do ano sob alegação de férias coletivas, palavra que *aqui* não tem qualquer sentido positivo ou útil, já que o trabalho para nós tem primazia, no próprio conceito do Mestre, quando afirma: "Meu Pai até hoje trabalha e eu também trabalho" (João, 5:17). Certamente que o repouso é uma necessidade e se faz normal que muitos companheiros, por motivos óbvios, procurem o refazimento em férias e recreações... Sempre haverá, no entanto, aqueles que permanecem e podem prosseguir sustentando, pelo menos, algumas atividades na Casa Espírita, que deve permanecer oferecendo ajuda e esclarecimento, educando almas pela divulgação dos princípios e conceitos doutrinários com vivência da caridade.[111]

André Luiz:

Um templo espírita, revivendo o Cristianismo, é um lar de solidariedade humana, em que os irmãos mais fortes são apoio aos mais fracos e em que os mais felizes são trazidos ao amparo dos que gemem sob o infortúnio.[112]

---

111. PEREIRA, Divaldo Franco. *Nas fronteiras da loucura*. 10. ed. Salvador: LEAL Editora, 1998, p. 124.
112. XAVIER, Francisco Cândido [por Diversos Espíritos]. *Educandário de luz*. 2. ed. São Paulo: Ideal, 1988, p. 55.

11

A TRILOGIA DE JOANNA DE ÂNGELIS PARA O CENTRO ESPÍRITA

ESPIRITIZAR – QUALIFICAR – HUMANIZAR

No item VIII, intitulado *Do programa das crenças*, que inseriu na exposição de motivos da *Constituição do Espiritismo*, constante do livro *Obras póstumas*, Allan Kardec destaca que "a condição absoluta de vitalidade para toda reunião ou associação é a homogeneidade", que ele configura em três diretrizes:[113]

A) Unidade de vistas.
B) Unidade de princípios.
C) Unidade de sentimentos.

No mesmo texto, o mestre do Espiritismo adverte:

---

113. KARDEC, Allan. *Obras póstumas*. 26. ed. Rio de Janeiro: FEB, 1993, p. 367.

> Todas as vezes que alguns homens se congregam em nome de uma ideia vaga jamais chegam a entender-se, porque cada um apreende essa ideia de maneira diferente. Toda reunião formada de elementos heterogêneos traz em si os germens da sua dissolução, porque se compõe de interesses divergentes, materiais, ou de amor-próprio, tendentes a fins diversos que se entrechocam e rarissimamente se mostram dispostos a fazer concessões ao interesse comum, ou mesmo à razão; que suportam a opinião da maioria, se outra coisa não lhes é possível, mas que nunca se aliam francamente.

Impressiona a visão profunda do codificador acerca da natureza humana, sobre nossas fraquezas e vacilações, tendentes a comprometer qualquer empreendimento, "qualquer que seja o seu objetivo". A atualidade do documento é deveras notável, porquanto nos dias modernos a movimentação dos homens em torno do Espiritismo ainda é realizada com abalos e conflitos vários...

Na fase em que vivemos, de continuidade da constituição orgânica da Codificação, os benfeitores espirituais não cessam de transmitir novas orientações, novos roteiros, a fim de que o movimento se firme em bases sólidas.

Certamente, assim pensando, Joanna de Ângelis recentemente estabeleceu uma *trilogia* que sugere um novo modelo comportamental e atitudinal em face dos desafios enfrentados por aqueles que dirigem e colaboram nas casas espíritas.

Psicóloga profunda da corrente Transpessoal, consoante tem demonstrado na já conhecida Série Psicológica

Allan Kardec e o Centro Espírita

dos seus livros, que avançam e apontam para uma Psicologia das Alturas, meta irreversível de todo ser consciente, a mentora simboliza suas diretrizes na figura de um triângulo equilátero.

Examinemos cada ângulo do Programa Tríplice:[114]

I – Espiritizar

A ligação do vocábulo *espiritismo* (substantivo masculino) com o sufixo verbal *izar*, formou o verbo factivo (fazer, fazer muitas vezes) *espiritizar*, neologismo que pode ser definido como tornar conforme aos princípios do Espiritismo; fazer de acordo com os postulados da Doutrina Espírita; praticar o Espiritismo segundo os fundamentos básicos obtidos por Allan Kardec dos Espíritos codificadores, e por ele inseridos nas obras básicas.

Todo esse impositivo sugere um ato ou efeito de espiritizar: a espiritização da Casa Espírita, que pode ser delineada em metas transformadoras de consequências iluminativas direcionadas aos trabalhadores e frequentadores, estimulando-os a cuidar das arestas morais e empenhar-se na melhoria íntima.

O núcleo de desenvolvimento desse esforço seriam as palestras públicas, os grupos de estudo, o atendimento fraterno etc., em todos os momentos de interação da equipe envolvida com a dinamização da Casa Espírita, quando a tônica, o processo, seriam as abordagens na crença em Deus, na imortalidade da alma, na reencarnação, na Lei de Causa e Efeito, na comunicabilidade dos Espíritos

---

114. FRANCO, Divaldo Pereira. *Novos rumos para o Centro Espírita*. 1. ed. Salvador: LEAL Editora, 1999.

etc. Todas as temáticas seriam oferecidas com essa indispensável conexão com o pensamento espírita.

Uma vez instalado o processo de *espiritização* da Casa Espírita (Espiritismo em tudo e em todos), o programa de sustentação e de manutenção pode ser fixado em quatro pontos:

A) Responsabilidade de todos perante a própria consciência.

B) Empenho nas mudanças atitudinais exigidas.

C) Autoestima elevada.

D) Trabalho de doação.

São as linhas mestras da *espiritização*, o ângulo principal da tríade joannagelista, revigorando o princípio da unidade de vistas, de Kardec.

II – Qualificar

Nos dias modernos, as ondas da informação, da tecnologia, da mídia etc. facilitam a vida humana, mas, paradoxalmente, provocam angústias ante os desafios que promovem, tornando o amanhã mais próximo de nós, exigindo, portanto, atitudes e conhecimentos que criem uma postura de vanguarda.

Na Casa Espírita, que não fica indene aos impactos das procelas da modernidade, a *qualificação* dos trabalhadores se apresenta como fator *sine qua non*, indispensável e inadiável.

O momento planetário não comporta mais, em nosso movimento, o voluntariado apenas com o currículo da boa vontade. São necessários e imprescindíveis o preparo, a competência (habilidade, aptidão), sobretudo quanto à formação doutrinária, que deverá prever cursos de extensão e de especialização.

A Casa Espírita, então, será também um centro de treinamento e desenvolvimento de pessoas, elaborando projetos de engajamento dos frequentadores em suas atividades, evitando a participação exclusiva em apenas um segmento, a exemplo das atividades mediúnicas.

Este ângulo, o da *qualificação*, apresenta-se, portanto, como um dos pontos de sustentação e de concretização da proposta de *espiritização*: para espiritizar é preciso qualificar os agentes do programa renovador, revivendo, assim, a Unidade de Princípios, de Allan Kardec.

O segundo ponto de sustentação e, simultaneamente, o terceiro ângulo do programa é a humanização.

III – Humanizar

"Deem-me uma alavanca e um ponto de apoio que moverei o mundo."
(Arquimedes)

Consideremos o *mundo como* o *programa de espiritização da Casa Espírita;* a *alavanca,* a *qualificação* dos trabalhadores, que possibilitará a concretização de planos e metas, mas necessitaremos de um *ponto de apoio*, seguro e consistente, que esteja fincado em terreno sólido, de estrutura inabalável, testado milenarmente e resistente a quaisquer ameaças. Este ponto de apoio é a *humanização*, que consolida a trilogia da venerável mentora.

Qualificar-se, para *espiritizar* a *Casa Espírita*, irá exigir desprendimento, capacidade de oferecer-se, de doar-se, de libertar-se do *ego*; representará a chama do ardor, que manterá aquecidos o entusiasmo e a motivação.

As linhas mestras da *humanização*, Divaldo aponta--as no perfil do *homem de bem*, exarado por Allan Kardec no capítulo 17 de *O Evangelho segundo o Espiritismo*, e destaca as credenciais do trabalhador espírita humanizado: "É bom, humano e benevolente para com todos, sem distinção de raças nem de crenças, porque vê todos os homens como irmãos".[115]

Com a *humanização*, atenderemos, finalmente, ao *princípio da unidade de sentimentos*, preconizado e recomendado por Allan Kardec.

---

115. KARDEC, Allan. *O Evangelho segundo o Espiritismo*. 110. ed. Rio de Janeiro: FEB, 1995, p. 272.

12

DIRETRIZES ESPIRITUAIS DE ALLAN KARDEC PARA O MOVIMENTO ESPÍRITA

O CONVITE DE ALLAN KARDEC

"[...] O Espiritismo é a alavanca de que Deus se utiliza para fazer que a Humanidade avance."
"[...] Entre os chamados para o Espiritismo, [...] reconhecê--los-eis pelos princípios de verdadeira caridade que eles ensinarão e praticarão."[116]

O s estudiosos do processo das mudanças organizacionais destacam que elas consistem na alteração de um estado de coisas e que podem ser concretizadas em dois grandes segmentos:

I.   A mudança estrutural: que objetiva alterações de forma (normas, racionalização, organogramas),

---

116. KARDEC, Allan. *O Evangelho segundo o Espiritismo*. 118. ed. Brasília: FEB, 2001, p. 60 e 314.

Adilton Pugliese

seja envolvendo uma organização, seja uma instituição, uma doutrina, uma escola filosófica, uma religião etc.

II. A mudança atitudinal: voltada para aprimorar e desenvolver atitudes e comportamentos dos indivíduos.

Enfatizam, ainda, que elas podem ocorrer em três níveis:

I. Mudança gradual: que ocorre de forma natural, paulatina e constante.

II. Mudança abrupta: que ocorre de forma traumática, impactante e que, por isso, é de difícil absorção.

III. Mudança planejada: que resulta de um trabalho prévio e consciente, cujos efeitos podem ser controlados. Essa modalidade de mudança tende a ocorrer em ritmo mais acelerado que o das mudanças naturais, contudo não geram as repercussões negativas das mudanças abruptas.

Allan Kardec, ao elaborar e lançar *O Livro dos Espíritos*, em 18 de abril de 1857, não imaginava as proporções que tomaria o conjunto do trabalho. Em janeiro de 1867 ele anota em seu diário íntimo (que mais tarde, em 1890, viria compor a segunda parte do livro *Obras póstumas: previsões concernentes ao Espiritismo*) que um único livro via, mas que na verdade ele era a cúpula de um grande edifício e de onde seriam geradas as demais obras do chamado Pentateuco Kardequiano. Outros (livros) "teriam de seguir-se e cuja publicação prematura apresentaria inconvenientes".[117]

---

117. KARDEC, Allan. *Obras póstumas*. 26. ed. Rio de Janeiro: FEB, 1993, p. 286.

Allan Kardec e o Centro Espírita

É significativa a revelação que em 12 de junho de 1856 o Espírito de Verdade faz a Kardec: – *A missão dos reformadores é prenhe de escolhos e perigos. Previno-te de que é rude a tua, porquanto se trata de abalar e transformar o mundo inteiro*".[118] Fizemos referência no capítulo 4 deste livro que, em 15 de abril de 1860, um Espírito assinou uma mensagem, obtida na cidade de Marselha, na qual revelava que o Espiritismo é chamado a desempenhar imenso papel na Terra:[119]

I.   Ele reformará a legislação ainda tão frequentemente contrária às Leis Divinas.
II. Retificará os erros da História.
III. Restaurará a religião do Cristo [...] e instituirá a verdadeira religião, a religião natural.
IV. Extinguirá para sempre o ateísmo e o materialismo.

Não é pouca missão, convenhamos, e não é um processo de reforma localizada, voltada para um povo especial, ou para um momento na História, mas uma mudança global profunda, que não poderia ser feita de forma abrupta, mas exigiria um meticuloso planejamento.

Entendemos que Kardec concluiu com êxito a tarefa de elaborar os instrumentos que promoveriam a mudança estrutural, que abalariam as velhas concepções, os antigos dogmas e a concepção reducionista da Ciência acerca da natureza do homem.

O mestre de Lyon sabia que a segunda fase da Terceira Revelação, que seria a movimentação, adquiriria uma ação *descentralizadora*, diferentemente da primeira fase, que foi centralizada nele, em Paris, na Sociedade

---

118. *Ibidem*, p. 282.
119. *Ibidem*, p. 299.

Adilton Pugliese

Parisiense de Estudos Espíritas, a SPEE, por ele fundada em 1º de abril de 1858.

Mais tarde, em 1903, Léon Denis (1846-1927), que iniciaria uma fase preliminar em torno da movimentação da doutrina, no período que ficou conhecido como *consolidação*, ao escrever o livro *No Invisível*, declara, na introdução: "O Espiritismo será o que o fizeram os homens"...

Em 10 de junho de 1860, diz o Espírito de Verdade a Kardec: – *Não permanecerás longo tempo entre nós. Terás de volver à Terra para concluir a tua missão, que não podes terminar nesta existência.*[120] Em 31 de março de 1869 ele desencarnaria.

Em maio de 1869, a *Revista espírita*[121] publica um resumo de suas primeiras mensagens mediúnicas, obtidas em abril de 1869, extremamente significativas no apelo que ele faz. Allan Kardec estava consciente de que a Terceira Revelação havia concluído a primeira etapa e diz, através do médium, que uma segunda fase seria iniciada e propõe três diretrizes para se obter sucesso:

I. A energia substituir a apatia.
II. A calma substituir o ímpeto.
III. Que todos se deixem guiar pela tolerância através da caridade, do amor e da afeição.

Ele sabia que essa segunda etapa é que colocaria o Espiritismo *em movimento*, que os homens teriam que concretizar para estudar, viver e divulgar a doutrina. Sabia também que o avanço da tecnologia facilitaria enormemente o estudo, mas que seriam inevitáveis os conflitos, as lutas

---

120. *Ibidem*, p. 300.
121. KARDEC, Allan. *Revista espírita de 1858 a 1869*. 1. ed. São Paulo: Edicel, 1968, p. 154-156.

Allan Kardec e o Centro Espírita

internas, as infiltrações de práticas estranhas aos postulados doutrinários. Como, então, os seus fiéis seguidores permanecerem firmes e inabaláveis?

Em 30 de abril de 1869 ele volta a se comunicar e o teor do seu discurso, transmitido pelo médium, mantém o mesmo apelo: a prática da tolerância, da afeição, da simpatia (de uns para com os outros e também para com os incrédulos).[122]

Nessa comunicação, recomenda o meio eficaz de divulgar a doutrina: brochuras, jornais, livros e publicações em geral. Mas insiste: o meio mais seguro, o mais íntimo e o mais acessível a todos é *o exemplo da caridade*, a doçura, e o amor. E declara que nada faz de mais, senão lembrar as palavras de Jesus. Realmente, a proposta do *amor e da união*, como base para o sucesso de todos os empreendimentos humanos no campo do bem, tem suas raízes no Cristianismo, nas palavras do Cristo.

> Conta-se que quando João, o evangelista, o apóstolo amado, estava bem idoso, seus discípulos sentavam-se em volta dele, todas as manhãs e ouviam um sermão sobre a vida e os ensinamentos de Cristo. Depois, lançavam-se à aventura de pregar o Evangelho. Cada dia, os jovens discípulos retiravam das palavras de João algum pensamento central; e cada dia, partiam em busca de adeptos, e construíam sua mensagem sobre o pensamento que haviam recebido de João. Ano após ano, espalhavam-se pelo mundo e viam o povo fiel multiplicar-se. Um dia, um grupo de discípulos novos e im-

---

122. *Ibidem*, p. 179-180.

pacientes veio até João e perguntou: – Que verdade nos dareis agora para levar ao povo? João ficou calado algum tempo, enquanto os jovens aguardavam. Depois disse: – Dizei ao povo isto: *filhos, amai-vos uns aos outros*. O desapontamento apareceu nas faces dos jovens discípulos e eles olhavam uns para os outros desiludidos e infelizes. – Por que pareceis desapontados? Perguntou João. – Isto nós já dissemos antes ao povo – observou um deles. – Já pregamos o amor uma e muitas vezes – acrescentou outro. – Não podeis oferecer-nos alguma coisa nova? Pediu um terceiro. João sacudiu a cabeça e disse: – Não, não posso. – Agora e para sempre – porque ela envelhecerá sem deixar de ser nova – deveis transmitir aos homens a verdadeira mensagem de Jesus: *filhos, amai-vos uns aos outros.*

Receberia o Brasil, no final do século passado, a obra pronta e acabada para ser divulgada, dinamizada, objetivando a ação em torno das mudanças atitudinais, ou das reformas íntimas, de uma nova postura diante da vida, uma nova visão do homem e do mundo. O mundo todo passaria a ser uma grande *Estrada de Damasco* e o encontro do homem moderno com o Espiritismo o conduziria ao desafio da mudança do homem velho para um *novo homem*, consciente de sua imortalidade e de suas responsabilidades.

O papel do Brasil, assim, em nossa visão, é o grandioso e desafiador papel-missão da unificação do Movimento Espírita, que é a *atividade-meio* para se atingir a *atividade-fim*, que é a divulgação, o ensino, a propagação do Espiritismo.

Vivemos uma fase especial da consolidação do movimento de unificação.

Toda a mudança estrutural está sendo realizada: temos os Centros Espíritas, as Federações Estaduais, o Sistema Federativo, conduzido com competência pela Federação Espírita Brasileira (FEB); as bases de organização espírita, a imprensa espírita. A estrutura, portanto, é excelente.

Falta-nos, então, aperfeiçoar as mudanças atitudinais, através:

I.   da superação de conflitos;
II. do exercício da tolerância;
III. do autodescobrimento; e
IV. da formação dinâmica de lideranças e trabalhadores espíritas.

Todos os espíritas estão convocados para essa emergencial tarefa, convidada pelo codificador, no final do século XIX.

13

BREVE HISTÓRIA DOS ALICERCES ESPIRITUAIS DO CENTRO ESPÍRITA CAMINHO DA REDENÇÃO

Toda edificação, para não ruir nem sofrer abalos danosos, tem os seus alicerces construídos, tecnicamente, com base em cálculos matemáticos exarados em projeto arquitetônico consolidado, pela Engenharia Civil, por meio da construção dos pilares, vigas, paredes, sistemas hidráulico e elétrico etc.

Um Centro Espírita, contudo, antes de iniciar sua projeção física na Terra, tem a sua ideia elaborada no Mundo espiritual.

O Centro Espírita Caminho da Redenção (CECR), por exemplo, que há mais de 70 anos, desde que foi fundado pelo médium Divaldo Franco, por Nilson de Souza Pereira e outros coidealistas, em 7 de setembro de 1947, está enraizado no planeta terrestre, em a nação destinada a ser "coração do mundo" e "pátria do Evangelho", teve o seu ponto de partida nos ideais da Casa do Caminho, movimentada por Simão Pedro e outros apóstolos do Cristianismo nascente. Muitos outros cristãos daqueles tempos heroicos foram personalidades motivadoras para a dinamização da Casa do Caminho, e uma dessas personalidades foi Joana de Cusa, que "acompanhava as pregações do Mestre às margens do lago de Cafarnaum". Em momentos de dificuldades e de conflitos pessoais, vamos encontrá-la, muitas vezes, em colóquio íntimo e fraterno com Jesus, que a aconselhava a permanecer sempre fiel.[123]

Joana foi, sem dúvida, uma das mulheres da Galileia que estavam presentes quando Jesus foi sepultado e que visitaram o túmulo no domingo da ressurreição, conforme lemos em Lucas, 23:55-56 e 24:10.

O comprometimento de Joana com a fidelidade a Jesus irá se concretizar no ano de 68 da Era Cristã, quando ela é submetida ao poste do martírio e à fogueira pela impiedade dos seus algozes, mas, mesmo sob flagelações e ameaçada de morte, não abjura de sua fé.

Mais tarde, essa vigorosa mártir dos primórdios da Era Cristã irá fortalecer a sua fé em Deus e em Jesus em experiências reencarnatórias edificantes e sacrificiais, sendo mais conhecidas e biografadas aquelas vivenciadas nas personalidades de Clara de Assis (1194-1253); Juana Inés de Asbaje y Ramirez de Santillana, que adotaria o nome de Sóror Juana Inés de la Cruz (1651-1695), e Joana Angélica de Jesus (1761-1822).

Esse fidelíssimo Espírito tinha conhecimento das lições do Cristo, dos ideais franciscanos, da promessa do

---

123. XAVIER, Francisco Cândido; CAMPOS, Humberto de [Espírito]. *Boa Nova*. 36. ed. Brasília: FEB, 2013, cap. 15, p. 97.

Allan Kardec e o Centro Espírita

Rabi da Galileia sobre a vinda à Terra do Consolador (João, 14: 15-17 e 26) e, durante aquelas vidas sucessivas evolutivas ocorridas na Palestina, na Itália, no México e no Brasil, em dezoito séculos de qualificação e devoção religiosa, preparou-se para compor a equipe espiritual do codificador Allan Kardec, que assumiria em Paris, França, pelos idos de 1856,[2] a missão de concretizar e consolidar o advento do Novíssimo Testamento, que é o Espiritismo. Na construção do Pentateuco Kardequiano, contribuirá de forma direta com duas mensagens ditadas em 1862, nas cidades de Le Havre e Bordéus, assinadas como Um Espírito Amigo e que foram inseridas em *O Evangelho segundo o Espiritismo,* capítulos IX, item 7, e XVIII, item 15, intituladas "A paciência" e "Dar-se-á àquele que tem", respectivamente.[124]

Provavelmente, durante o período de elaboração e de concretização da Doutrina Espírita, que perdurou pelos anos de 1854 a 1869, ou seja, desde a *iniciação* até a desencarnação de Allan Kardec, e conhecendo o destino futuro da novel doutrina, que seria transladada das terras históricas da França para as terras formosas do Cruzeiro do Sul, o Brasil, foi que idealizou, com a sua equipe de seguidores e afeiçoados desde os tempos primitivos cristãos, a materialização, na Terra, de uma instituição genuinamente espírita, nos moldes da primeira organização espírita mundial fundada pelo mestre de Lyon em 1º de abril de 1858, a Sociedade Parisiense de Estudos Espíritas (SPEE), com regulamento próprio oficializado.[125]

---

124. KARDEC, Allan. *O Evangelho segundo o Espiritismo.* 2. ed. Tradução de Evandro Noleto Bezerra. Brasília: FEB, 2013.
125. KARDEC, Allan. *O Livro dos Médiuns.* 81. ed. Tradução de Guillon Ribeiro. Brasília: FEB, 2013, p. 371.

Adilton Pugliese

Durante suas trajetórias evolutivas, acima identificadas, no decorrer dos séculos, sempre esteve envolvido e comprometido, esse dedicado Espírito, com organizações de essência religiosa, a exemplo da Casa do Caminho, em Jerusalém, com a qual certamente colaborou na realização dos seus labores de auxílio aos "filhos do Calvário", mesmo a distância, porque residia em Cafarnaum; um Mosteiro da Segunda Ordem Franciscana, das mulheres, nos tempos de Francisco de Assis; da Ordem das Carmelitas Descalças e do Convento de São Jerônimo, no século XVII, em San Miguel Nepantla, México; e do Convento da Lapa, em Salvador, Bahia, Brasil.

O advento do Consolador, em meados do século XIX, traria ao mundo um novo perfil de organização espiritual, idealizada por Allan Kardec: o Centro Espírita. Em 1864, por exemplo, já existiam perto de mil centros espíritas sérios, conforme ele assegura na "Introdução" de *O Evangelho segundo o Espiritismo*.[126]

Certamente esse Espírito benfeitor – que iniciaria o labor de sua nova fase de fidelidade a Jesus promovendo ações diretamente do Mundo espiritual no Brasil e em outras partes do mundo, que se identificaria, a partir dos labores psicográficos em 1949, utilizando-se da mediunidade de Divaldo Franco, como Um Espírito Amigo e, posteriormente, a partir de 1956, como Joanna de Ângelis – conhecia o pensamento de Allan Kardec a respeito dos objetivos elevados que envolviam uma Instituição Espírita, conforme está exarado em *O Livro dos Médiuns*, em

---

126. KARDEC, Allan. *O Evangelho segundo o Espiritismo*. 2. ed. Tradução de Evandro Noleto Bezerra. Brasília: FEB, 2013, p. 19.

Allan Kardec e o Centro Espírita

que ele tece comentários acerca das sociedades regularmente constituídas:

> Esses grupos, correspondendo-se entre si, visitando-se, permutando observações, podem, desde já, formar o núcleo da grande família espírita, que um dia consorciará todas as opiniões e unirá os homens por um único sentimento: o da fraternidade, trazendo o cunho da caridade cristã.[127]

Acompanhemos o relato de Celeste Carneiro e Divaldo Franco constante do livro *A veneranda Joanna de Ângelis*:

> No Mundo espiritual Joanna estagia numa bonita região próxima da crosta terrestre – a Colônia Redenção. Quando vários Espíritos ligados a ela, antigos cristãos equivocados, se preparavam para reencarnar, reuniu a todos e planejou construir na Terra, sob o céu da Bahia, no Brasil, uma cópia, embora imperfeita, da comunidade onde estagiava no Plano espiritual, com o objetivo de, redimindo os antigos cristãos, criar uma experiência educativa que demonstrasse a viabilidade de se viver numa comunidade realmente cristã, nos dias atuais [...]. Engenheiros capacitados foram convidados para traçar os contornos gerais dos trabalhos e instruir os pioneiros da futura obra.

---

127. KARDEC, Allan. *O Livro dos Médiuns*. 81. ed. Tradução de Guillon Ribeiro. Brasília: FEB, 2013, p. 359-360.

Adilton Pugliese

Quando estava tudo esboçado, Joanna entrou em contato com Francisco de Assis, solicitando que examinasse os seus projetos e auxiliasse na sua concretização, no plano material. *O Pobrezinho de Deus* concordou com a mentora e se prontificou a colaborar com a obra, desde que "nessa comunidade jamais fosse olvidado o amor aos infelizes do mundo, ou negada a caridade aos filhos do Calvário, nem se estabelecesse a presunção que é vérmina a destruir as melhores edificações do sentimento moral.

E concluem os autores:

Quase um século foi passado, quando os obreiros do Senhor iniciaram na Terra, em 1947, a materialização dos planos de Joanna, que inspirava e orientava, secundada por técnicos espirituais dedicados [...].[128]

O Centro Espírita Caminho da Redenção (CECR), portanto, é um exemplo de Instituição Espírita que, muito antes de sua fundação, foi idealizada e planejada para acompanhar os passos de Jesus em eficazes ações doutrinárias, educacionais, culturais e de benemerência social, mantendo-se fiel às veredas abertas por Allan Kardec, seguindo a trilha já demarcada pelo dedicadíssimo codificador da Doutrina e as diretrizes estabelecidas por Francisco de Assis e Joanna de Ângelis. Daí a sua aura de perenidade, de respeitabilidade, do incontestável apoio

---

128. FRANCO, Divaldo Pereira; CARNEIRO, Celeste. *A veneranda Joanna de Ângelis*. 10. ed. Salvador: LEAL Editora, 2014, p. 50-51.

espiritual que recebe das Entidades elevadas que promovem a concretização do homem de bem e da instalação definitiva do Reino de Deus na Terra.

Parabéns a Divaldo e a todos os que mourejam nessa venerável Casa Espírita.

14

REFERÊNCIAS

ABREU, Canuto. *O Livro dos Espíritos e sua tradição histórica e lendária.* 1. ed. São Paulo: LFU, 1992.

BASTOS, Carlos Seth. *Espíritos sob investigação.* 1. ed. São Paulo, SP: CCDPE-ECM, 2022.

DEMÓCRITO, Deoclécio de. *Prontuário da obra de Allan Kardec.* 1. ed. Porto Alegre: Editora AGE, 1994.

DRUCKER, Peter F. *Administração de organizações sem fins lucrativos.* 1. ed. São Paulo: Pioneira, 1994.

FEDERAÇÃO ESPÍRITA DO ESTADO DE GOIÁS. *Anais do Congresso Espírita Estadual.* 1995.

FEDERAÇÃO ESPÍRITA BRASILEIRA. *Reformador,* Brasília: FEB, edições diversas.

FEDERAÇÃO ESPÍRITA BRASILEIRA. *Espiritismo de A a Z.* 1. ed. Rio de Janeiro: FEB, 1996.

FEDERAÇÃO ESPÍRITA BRASILEIRA. *Orientação ao Centro Espírita.* 5. ed. Rio de Janeiro: FEB, 1999.

FEDERAÇÃO ESPÍRITA BRASILEIRA. *Orientação ao Centro Espírita*. 1. ed. 1ª imp. Brasília: FEB, 2021.

FEDERAÇÃO ESPÍRITA BRASILEIRA. *Guia de fontes espíritas*. 1. ed. Rio de Janeiro: FEB, 2001.

FEDERAÇÃO ESPÍRITA BRASILEIRA. *Movimento Espírita*: apostila do estudo sistematizado da Doutrina Espírita. Rio de Janeiro: FEB, 1996.

FRANCO, Divaldo Pereira; CARNEIRO, Celeste. *A veneranda Joanna de Ângelis*. 10. ed. Salvador: LEAL Editora, 2014.

FRANCO, Divaldo Pereira; MIRANDA, Manoel P. de [Espírito]. *Nas fronteiras da loucura*. 10. ed. Salvador. LEAL Editora, 1998.

Franco, Divaldo Pereira; MIRANDA, Manoel P. de [Espírito]. *Nos bastidores da obsessão*. 1. ed. Rio de Janeiro: FEB, 1970.

FRANCO, Divaldo Pereira; HUGO, Victor [Espírito]. *Árdua ascensão*. 1. ed. Salvador: LEAL Editora, 1985.

FRANCO, Divaldo Pereira; MENEZES, Bezerra de [Espírito]. *Compromissos iluminativos*. Pelo Espírito Bezerra de Menezes. 1. ed. Salvador: LEAL Editora, 1991.

FRANCO, Divaldo Pereira. *Novos rumos para o Centro Espírita*. 1. ed. Salvador: LEAL Editora, 1999.

FRANCO, Divaldo Pereira. *Diálogo com dirigentes e trabalhadores espíritas*. 2. ed. São Paulo: USE, 1993.

Allan Kardec e o Centro Espírita

INCONTRI, Dora. *A educação segundo o Espiritismo*. 1. ed. São Paulo: FEESP, 1997.

JORGE, José. *Relembrando Deolindo II*. 1. ed. Rio de Janeiro: CELD, 1994.

KARDEC, Allan. *Obras póstumas*. 26. ed. Rio de Janeiro: FEB, 1993.

KARDEC, Allan. *O Livro dos Médiuns*. 69. ed. Rio de Janeiro: FEB, 2001.

KARDEC, Allan. *O Livro dos Médiuns*. 81. ed. Tradução de Guillon Ribeiro. Brasília: FEB, 2013.

KARDEC, Allan. *O Livro dos Espíritos*. 76. ed. Rio de Janeiro: FEB, 1995.

KARDEC, Allan. *O Evangelho segundo o Espiritismo*. 110. ed. Rio de Janeiro: FEB, 1995.

KARDEC, Allan. *O Evangelho segundo o Espiritismo*. 118. ed. Brasília: FEB, 2001.

KARDEC, Allan. *O Evangelho segundo o Espiritismo*. 2. ed. Tradução de Evandro Noleto Bezerra. Brasília: FEB, 2013.

KARDEC, Allan. *Revista espírita de 1858 a 1869*. 1. ed. São Paulo: Edicel, 1968.

KARDEC, Allan. *Viagem espírita em 1862*. 2. ed. Matão: O Clarim, 1968.

LOUREIRO, Lúcia. *Memórias históricas do Espiritismo no Estado da Bahia* – a saga dos pioneiros e a repercussão no Brasil. 3. ed. Salvador: L. L. Editora, 2021.

MARIOTTI, Humberto. *Os ideais espíritas na sociedade moderna*. Tradução de Élzio Ferreira de Souza. 1. ed. Salvador, 1970.

MOREIL, André. *Vida e obra de Allan Kardec*. São Paulo: Edicel, [19--].

MONTEIRO, Eduardo Carvalho. *Anuário histórico espírita 2004*. São Paulo: Madras Editora Ltda., 2005.

NOBRE, Marlene R. S. (Org.). *Lições de sabedoria*. 1. ed. São Paulo: FE Editora, 1996.

PEREIRA, Yvonne A.; MENEZES, Bezerra de [Espírito]. *Dramas da obsessão*. 7. ed. Rio de Janeiro: FEB, 1991.

PIRES, J. Herculano. *O Centro Espírita*. 1. ed. São Paulo: PAIDEIA, 1980.

WANTUIL, Zeus; THIESEN, Francisco. *Allan Kardec* – meticulosa pesquisa biobibliográfica. Volume I. 1. ed. Rio de Janeiro: FEB, 1979.

WANTUIL, Zeus; THIESEN, Francisco. *Allan Kardec* – meticulosa pesquisa biobibliográfica. Volume III. 1. ed. Rio de Janeiro: FEB, 1980.

XAVIER, Francisco Cândido [por diversos Espíritos]. *Educandário de luz*. 2. ed. São Paulo: Ideal, 1988.

Anotações

Anotações

Anotações